“奇天烈”議会奮闘記

市民派女性市議の８年間

「奇天烈」　非常に不思議なさまをいう（大辞林より）

はじめに

男女格差の国際的比較で日本は１４９ヶ国中１１０位（世界経済フォーラム・２０１８年）。政治経済分野での女性の進出度が極めて低い。国会はもちろん、地方議会でも女性議員は数えるほどである。市民の半分は女性であるにも関わらず、公の場での発言は男性ばかり。「黒の議会」と呼ばれていた。

ようやく、２０１９年「政治分野における男女共同参画推進法」が施行された。これを機に、女性が政治の世界に大いに進出することを期待して、「市民派女性市議・熊野いそ」の八年間を振り返ってみようと思う。少しでも政治を志す女性の参考になればと願って。

（目次）

第2章　新米議員奮闘記　……35

1．議会は不思議の国

2．本会議デビュー

※文章の中には多くの市議が登場する。現職の人もいるので仮名、もしくはニックネームで記述する。
ただし、木村議員と山本議員は森友問題の追及で全国的に知られているので本名を使わせてもらう。

第1章

議論の風を起こそう

1. 61歳、選挙デビュー

まさかの市長選出馬要請

豊中市は大阪市に隣接する人口40万人の中核市である。面積は36・38キロメートル、ほとんど全域が市街化されている。いわゆるベッドタウンである。

思い起こせば、この町で私が選挙デビューをしたのは２００６年、61歳の時である。大学卒業以来30年、高校社会科教師として働き続けてきた私の夢は、老後は夫婦でのんびり暮らすことであった。ところが義母、実父を続けて介護することになり、介護地獄をいやというほど味わった。

社会保障制度の矛盾に直面した私は、声を上げなければという思いから、「高齢者福祉を考える豊中市民の会」（現在は介護保険とよなか市民会議）を友人とともに立ち上げた。１９９５年のことである。これが市民運動初体験であった。

この間、実母の介護に突入、ようやく介護保険が間に合ったが、ここでも制度の矛盾に直面した。私は定年を前に退職し、母校の大学院で社会保障法学を学び、介護保険制度の研究を行なった。大学院修了後は介護保険の専門家として講演依頼を受けるようになり、豊中市内の多様な市民グループとも接点を持つようになった。

2004年、大江健三郎さんたちの九条の会結成に動かされ「豊中で九条の会を作りませんか」とメールで呼びかけたところ、たちまち15人の女性が集まり「九条の会・豊中いちばん星」が立ち上がった。それぞれが豊中市内で多様な市民運動に関わっている人々である。

政党や労働組合の背景もなく、草の根の、しかも女性ばかりで運営している「九条の会・いちばん星」はフットワークが軽く、いつのまにか、豊中で次々と結成された九条の会のなかで中心的な役割を果たすようになった。それとともに、私の生活も市民運動一色になっていった。

そんな時に持ち上がったのが市長選挙への出馬要請である。

2005年の年末、ニュータウン・センターの喫茶店で、私は市会議員の山木さんと会っていた。

「ズバリ言います、市民派の市長候補として立候補してもらえませんか。オール与党体制を打ち破るべき時期です」

当時は中央で対立する与野党が地方では相乗りで首長を擁立する。共産党は独自候補を立てるが、勝利の見込みはまったくないという状況だった。

これを批判して、いわゆる市民派の市長候補が立って現状打破を訴えるという風も吹いていた。私も市民派市長を作ろうという動きに関わってはいたが、まさか自分が？

「市民派市長を誕生させましょう。全力を挙げて応援します。ぜひ、初の女性候補として立ってください」

山木さんは誠実そのものの人で、高齢者福祉運動のよき理解者でもあった。その人からの熱心な説得を断れなかった。しかし、あまりにも突然の話しである。

その場は「家族に相談してみます」と言って別れた。その夜、夫に話しをしてみると、

「市長選にでえへんか言われたんやけど、どう思う？」

「それもおもろいかもしれんな、オール与党体制はうんざりや」

「いっぺん、選挙ゆうもん経験してもええかもしれんね」

この会話からすべては始まった。

と言っても、やはり友人の意見も聞かなくては。まず訪ねたのは恒成和子さん。アムネスティインターナショナル日本支部の会員で、軍事政権下の韓国の「良心の囚人」への支援運動で知られた人である。私に市民活動のイロハを教えてくれた師匠でもあった。

アムネスティは、自国では政治活動をしないので反対されるかなあと思いつつ話し出すと、「おもしろいじゃないの！」と破顔一笑、「これから3か月間、豊中市中を好きに演説して回れるなんて」

さらに、「本当に言いたいことは山のようにあるわよね。でも普通の市民が発言できる場はゼロよ。みんなに代わって発言して回るのよ！」と激励された。

九条の会・豊中いちばん星の名づけ親である親友のミカさんもびっくりしたが、すぐ「友達が市長になるってのもおもしろいかも、アハハ」

「選挙参謀が大事だよね」と、2人で話し合った。

みんな勝ち馬に乗ってどうする！

「熊野さん、そりゃ無理や、絶対落ちる」駅前のベーカリーカフェでの会話である。

選挙は1人ではできない。参謀がいる。選挙参謀をお願いしたいと口説いた相手は北摂（大阪府北部）で市民派の議員や市長を誕生させた実績を持つ市民運動家。私たちは「洋《よう》さん」と呼んでいた。

「僕かて、まったく勝ち目なしとわかっているのに、ようしませんよ」

ここは相手の心に響く言葉が必要、じっと考えてから、

「みんなそう言って、日本は腐っていく」

私が発したひと言は決定的だったようだ。彼の表情が改まった。

「一晩考えさせてください」

（やったね！）

翌日「やりましょう」の返事が返ってきた。

洋さんが選挙参謀、ミカさんが後援会長となって、「明るい豊中市政を作る会」と市民協同の選挙体制ができあがった。

「市民派市長を作る会推薦の女性市長候補・熊野いそ」の誕生である。

年が改まって2006年、投票日まで3か月余り。対立候補は市の教育長を務めた新人。年齢は私とほとんど同じで他市の出身である。立候補を噂されていた市の幹部や現職の府会議員をすえおいて、教育長がなぜ現市長から後継指名をされたかについては、与党間の複雑な事情が絡んでいたということである。

市長選挙スタート

私は各政党に声をかけた。土井たか子さんにも会いに行った。「がんばってください」と握手してくれたが、その後はなしのつぶて。詳しいことは不明だが、社民党豊中市部が「ダメ」と言ったらしい。

民主党の府会議員は応援に来てくれたし、熱心に支援を続けてくれた府議さんもいたが、大阪府連は「ノー」。結局、共産党だけが正式に支持を出してくれた。無所属の2人の市議も私を全面支持。市議会のほかの会派はすべて教育長を推薦した。

野党共闘などという言葉がまだない時期で、まったく性格のちがう市民運動グループメンバーと明るい豊中市政を作る会、そして政党の協同は始終暗礁に乗りあげて大激論となった。

「選挙に勝つことが大事でしょう！」と、選挙参謀の一喝でやっと収まる始末。しかし、それぞれの懸命の努力で無名の新人・熊野いその知名度は上がっていった。

1人で何百枚ものチラシを撒く「明るい会の会員」、生まれて初めて友人知人にパンフレットを配りまく市民グループのメンバー。深夜まで続く選挙対策会議。そこに持ち上がったのが公開討論の企画であった。

豊中市には私たち以外にも様々な市民グループがある。その一つのメンバーが呼びかけて開かれた。企画の中心メンバーは与党支持者が多かったと後に聞いた。

実はこの時からさかのぼること8年前、「高齢者福祉を考える市民の会」のメンバーが中心になって市長選挙の公開討論会を開いたことがあった。そこには多くの市民が参加した。今回も市民会館の会場は満員になった。市民のほかに現職の市会議員、市の幹部職員、政党関係者などが詰めかけた。

最初はお互いに自分の政見を披露する。その後、様々な質問（事前に知らされている）に答える。質問は市民に身近な生活課題、環境問題、教育、保育、豊中市で盛んな図書館活動等々である。

私は50年間豊中市に住み、生活・育児・教育・介護・教育相談・市民活動等々、あらゆることを経験した女性の立場を活かして具体的に熱を込めて答えた。すると、会場の雰囲気がみるみる変わっていくことが感じとれた。その時、最前列でいかめしい顔をして座っていた与党の古参議員と視線があった。私の言葉に思わずうなずいているではないか。やった！　イケてる。

「勝ったね、熊野さん」と、洋さん。

「テレビ中継があったら当選まちがいないわ」と、仲間たち。

この頃から潮目が変わったような気がする。「明るい豊中市政を作る会」の会員を率いる府会議員がこんな話しをした。

「先日、市の財政関係の部長が会いたいと言ってきたんですよ。話しがあると。それじゃあ、府庁で会いましょうよと言うと、顔がさす（顔がわかる）からダメだと言うんです。それなら、豊中市の喫茶店ではと言うと、もっと顔がさすと。結局、山のなかの公園で昼は顔がさす、夜に会おうということになって……。彼は熊野さんを支持すると言うんです」

「なんでです？」

「市政に新風を吹き込んでほしいと」

職員のなかにもオール与党体制にうんざりしている人がいるんだ……。

わずか3か月で泡沫候補扱いだったが、激しく追い上げというところまでこぎつけた。

「女性市長を！」と訴える市民グループメンバーや、応援に駆けつけた他市の市民派議員は「とてもいい感じ！」と言う。ビラを配る夫の友人たちも「受け取りがよくなっている」という。


驚いたのは与党陣営である。危機感をつのらせて集会を開いた。

「うちの車には手をふる人がないのに、熊野カーには拍手が起こっている」、「高校の教師なんだから教え子はどんどん20歳になっている」。必死に引き締めを図っているという。

我が陣営にも「もしかすると」という期待感が出始めた。

いよいよ明日が投票日、府会議員が、

「熊野さん、勝った時のことを考えておかないと」

そんなことは考えてもいなかった。ただ、勢いで走ってきただけであった。

「すぐに副市長の２人が辞表を持ってきます」

「そうですか」

「受けとったらだめです」

「？」

「市政が混乱します。慰留して仕事を続けてもらうんです」

「こちらがすっかり市政を掌握してから、人事に手をつけるのです」

残念ながら、その必要はなかった。

結果は59％対41％で惜敗。なにぶん、立候補決意してから投票日までわずか４か月。もうちょっと時間があったら……。

今思えば、オール与党体制への批判、不満票が無名の女性新人に集まったのだろう。

選挙が終わって１か月ほどたった時のこと。街角で顔見知りの福祉部の職員から声をかけられた。

「残念でした。新しい風が起こると期待していたんですが」

この選挙が私の運命を変えた。

2. 市議会に議論の風を！

選挙戦、再び

それから6年後の2010年11月、洋さんから「市会議員に立候補しないか」と要請されたのもやはり喫茶店だった。洋さんの伴侶が市会議員を引退するので、その後を受けて無所属の市民派議員として立候補しないかという。今度は最初から選挙参謀は洋さん。この時はだいぶ迷った。なんせ66歳、昔で言えば隠居の年である。

「年じゃない、議論ができる議員が必要なんだ」と、洋さんは言う。

議論は得意だった。学生の時分から……、しかし議会には議論のできる人ばかりいるんじゃないの？

「そうなっていないところが問題なんです。なんせ、質問を役所に書いてもらう議員が幅を利かせている有様で」

「それはひどい」

「質問はなるべくやめておこうという風潮さえある」

「質問って議員の仕事でしょう、それやめたらなにすんの？　給料泥棒ちゃう？」

「熊野さんなら議論の風が起こせる」と、洋さんは確信をもって言う。

とうとうその場で説き伏せられてしまった。

市民派ってなに？

これは結構難しい問いである。インターネットで調べると、「市民の意見や要望を積極的に取り上げ、社会に反映しようとする人々」とある。なんとなく反権力、批判精神、自由などの言葉と親和性があるようだが、明確な定義はないように思われる。

一つの目的で結集し、活動する市民の集まりを市民グループと呼ぶ。とくに平和、福祉、原発、子どもの権利、男女共同参画などの運動を行なう場合は市民運動と呼ぶ。特定の政党に所属せず、市民グループ・市民運動を背景に市民の意見を政治に活かそうとする姿勢の議員を市民派議員と呼ぶようである。私は社会保障の充実と平和主義を掲げる市民派議員として立候補した。

（市民運動の立ち上げ方）

別に難しいルールがあるわけではない。日々の暮らしの中で直面した問題、例えば身近に起こる自然破壊、学校統廃合、水道民営化の動き、原発稼働、介護・子育ての困難などを一緒に考えようと思う人が数人集まれば立ち上がる。

私の経験では「高齢者福祉を考える豊中市民の会」は3人で立ち上がったし、「九条の会・豊中いちばん星」は15人の呼び掛け人で始まった。市の話を聞いたりアンケートをしたり、学習会をしたりしているうちにだんだん広がっていくものである。当然、政党とのからみも出てくるが、取り組んでいる課題についてはあらゆる政党の意見を聞く立場を崩さないことが大事である。

なにもかも背負い込むのではなく、メンバーがそれぞれできることをやるというスタンスが長続きのコツである。

奇妙奇天烈「公職選挙法」とあの手この手の巻

立候補を決意した時から選挙運動は始まる。

選挙運動は「公職選挙法」に触れないように行なわなければならない。これが実はなかなか難しい。とにかくこの法律は素人には理解不能のことばかり。３回選挙をやった今も首をかしげる項目ばかりである。そこをどうクリアするかが選挙参謀の腕の見せどころである。

次に禁止項目を挙げてみる。

「戸別訪問は禁止」、昔、戸別訪問して札ビラを配った候補があったらしいので禁止。「事前運動禁止」、具体的に言うと、告示・公示の前に立候補のアピールは禁止。ポスターもダメ。パンフレットも出せない。「年賀状・あいさつ状は出せない」、現職も候補者もである。

これじゃ、誰が立候補しているのか告示・公示後でないとわからない！　しかも選挙期間は市議会だと１週間。ちなみに衆議院選挙が12日間。府議選は９日間。選挙カーで名前を連呼しても、選挙区を回り切れない……。これが平等を重んじる選挙法の定めである。

しかし、これでは選挙民に政策を知ってもらうなんて不可能である。そこで候補者は、内部資料などと刷り込んだパンフレットを作って告示の半年以上前から知り合いと、知り合いから紹介されたお宅を訪問して回る。私はこれを「家庭訪問」と呼んでいた。知り合いを訪ねて話しするのは自由だから選挙違反にはならないのである。

ただし、この内部資料なるパンフレットは手渡しのみ。ポストに入れて回ったりすると「御用！」となってしまう。

また、毎朝・毎夕駅に立って自分で作った文書・通信などと書いたものを配る人もいる。若くて元気な人がよくやっている。これを朝立ち、夕立ちという。これは表現の自由だから選挙違反にはならないのである。ただし、決して立候補しますなどと言ってはいけない。「立候補を決意した」はよい。同じじゃないかと思うが……。

この種の自作パンフレットなどは告示・公示前に配り切らないといけない。告示後だと選挙違反になってしまう。

さらに握手1000回、お辞儀100回という言葉がある。告示前でも集会などに出席することは個人の自由だから事前運動ではない。せっせと参加する。公的な集会でも地域の集会でも市民グループの集会でもどんどん出席してはあいさつして握手する。握手1000回、お辞儀100回！

応援者にお願いしてお宅でミニ集会をしてもらい、そこで話しをするのも有効である。ただし効率は悪い。

今まで出席したことがない地域のお祭りなどにも参加して「わっしょい、わっしょい」ここでも握手１００回、お辞儀１００回である。

小学校や中学校の運動会には絶対に参加して笑顔を振りまく。ここではあまり握手はしない。競技を応援するのが建前だからである。

地域の清掃活動などでもがんばる。昔はご近所の葬式にも必ず参列しなければいけないと言われたが、最近の都市部では家族葬が増えたのでこれはすたれた。

さらに最近はホームページ、フェイスブック、ツイッターなどの活用も大事である。

大事なのは賛同してくれた人の名簿作りだ。大変な仕事で選挙参謀と後援会長の指揮のもとに事務所総出で行なう。これが次の選挙につながる。

２回目、３回目の選挙からはこの名簿をもとに、候補者自身がひたすら支持者回りをする。これを「どぶ板をふむ」または「地面を這う」という。

ここで一つ、裏技を挙げたいと思う。

「選挙のずっと前から候補者のポスター見るけど違反じゃないの？」

よくある質問である。これは政党・活動実績ある政治団体に所属する候補者だけができる裏技。注意してほしい。

○○党演説会と書いてあり、党の幹部と候補者の2人の写真が載っている。そして開催日時として小さく翌年の5月5日などと書いてある。真に受けて翌年5月5日に行ってもだれも来ない……。つまり、最初から演説会など開催する気はなく、ポスターを貼ることだけが目的なのだ。○○党の政治活動だから許されるということである。無所属はこの裏技は使えない。不公平である。

告示後については公費で宣伝できる。告示とともに市内にポスターが張り出され、選挙はがき（市長選8000枚、市議選2000枚）が送付できる。チラシも撒ける。だが、自由に作れるわけではない。届け出て、選挙管理委員会のハンコを押してもらったものだけで、枚数も厳格に決められている。公費で負担されるから、みんな平等というわけである。自動車の経費も出るので候補者は市内をくまなく走り回って連呼し、辻々で演説して回る。しかし、選挙というものは、告示前にだいたい勝負はついていると言われる。

その後、改正になったが、私が市長選に出た頃は、告示後は候補者の氏名を書いた印刷物は一切出せない定めだった。そこで仕方なく「女性を市長に」というチラシを作ってまいた。候補者の名前を宣伝できないなんて変な法律と憤慨したものだった。

そのほか、驚くような制限がある。

「飲食提供禁止」、選挙に出たと聞いてお酒を持ってこられる方がいるが、酒食の提供は禁止である。選挙事務所の物置にしまわれ、落選後のやけ酒になってしまう可能性大である。

「歌舞音曲禁止」、私の兄弟にアマチュアミュージシャンがいる。市長戦の応援に駆けつけてくれて、得意のギターでチラシを撒く際のBGMをしようと提案したが、これもダメ。「歌舞音曲の提供をしてはいけない」と公選法にある。そう言えば、選挙カーから音楽が流れたことはない、ひたすら連呼だ。合点した。

「熊野いそは市政を変えます。熊野いそは困っている人を放っておかない政治にします、熊野いそは……」

また、子どもを運動に使ってはいけない。支持者が候補者の知らないところで応援してくれる人におごってはいけない、などなど細かい規則がたくさんある。

煩雑な公職選挙法に触れないように、上手に候補者の政策をアピールするにはどうしたらよいか、これは練達の参謀にしかさばけない。幸い洋さんは、市民派選挙歴戦のツワモノであり、その伴侶は現職の市会議員だった。市長選挙の時は選挙事務に精通している教え子にも助けられたから、選挙管理委員会に怒られることもなく無事に闘い終えたが、素人が選挙に出るのは大変である。

選挙会計は大変

選挙にはもちろんお金がかかる。公費をもらえるのは告示後の車代やポスター代などだけ。選挙に私費をどれだけ使用したのかも当落には関係なく、正確に領収書を添付して報告しなければならない。この報告が正しくないと大変なことになる。会計は責任重大である。

親族に会計を依頼することがお勧めで、私の場合は3回とも夫が責任者になった。

「ケーキはダメ、まんじゅうならよい」というものをご存じだろうか。

選挙事務所に激励に来られる方にお茶とお菓子を出すのは通常の礼儀だから、これは「茶菓代」として認められる。ところが、ケーキを買った際の領収書を添え報告したが、ダメだと言われた。

「ケーキは菓子ではない。まんじゅうならよい」という理論に、あいた口がふさがらなかった。

同じく市長選挙の際、初めて「明るい会」の集会で、共産党の府会議員から市長選予定候補として紹介された時のことである。

「誰やこのおばはん？」

「知らんなあ」

「なんでこんな人応援せなあかんの」

あからさまな困惑と失望の色が浮かんでいる。ソッポ向いている人もちらほら。よし、こっち向かせたると、猛然とファイトが湧いてきた。

「私は清水の舞台から飛び降りました」と始めた。オール与党体制を痛烈に批判して、市政を変えなければならないと熱を込めて話した。だんだん、皆の目がこちらに集中してくる（よし！）。

「市民の力で政治を変えなければなりません！　皆さん、力を貸してください！」

拍手が沸き起こった。それと同時にカンパ箱が回り始め、あっという間に集まった、100円、500円、1000円も混じっている。感激するとともに熱い時間だった。

夫も感激して、選挙会計に記載しようとしたら、ある人に注意された。「不特定多数の人のカンパは府に没収されますよ」と。素人には選挙会計も難しい。

普通の市民が普通の市民の応援で選挙に出るなんてことは想定されていないのだ。会計責任者は奇妙な決まりに振り回される。身内でなきゃとてもできないよ！

最初の市議選の会計報告によると、事務所費通信費、印刷費広告費、文具費、食糧費など合わせて111万5500円かかったらしい。らしいというのは、お金には一切関わらなかったためである。経費は寄付と自己資金で賄ったが、非常に安上がりだった（らしい）。事務所は洋さんの伴侶である保子さんの事務所を使わせてもらったし、様々な事務作業は友人や昔の教え子が駆けつけてボランティアしてくれたからである。

ウグイスさんに過分な報酬を出して公選法違反に問われ、夫の大臣を棒に振らせた議員がいたっけ。お金はあるとこにはあるんだ……。

3．女性議員が少ないわけ

選挙は家族を巻き込む

よく、女性議員が少ない理由を聞かれる。一つは「家族の同意が得にくいから」である。立候補を決意した時から、私生活は吹っ飛んでしまう。朝立ち、夕立ち、家庭訪問、ビラ作り、選対会議と嵐のような日々。今の日本社会では、仕事を持つ女性であっても育児や家事のほとんどを担っている。それができなくなるのだから、夫や子ども、時には親の協力が必須である。

「選挙に出るから家のことはすべてやってください」と言われて、「うん」と言う夫が今の日本にどれだけいるだろう。

家事だけではない。選挙には結局家族が巻き込まれる。票集め、票固め、あいさつ回り、会計、エトセトラ。専業主婦の妻が夫の選挙で奔走するのは当たり前と考えるのが今の日本だが、「妻の選挙で仕事を休みます」という場合、夫の職場での椅子は確保されるのか？

当選すれば「○○議員の夫」と呼ばれる。多くの女性は「○○さんの奥さん」と呼ばれることに慣れているが、ほとんどの男性は「○○さんの旦那さん」と呼ばれることには不慣れである。なんとなく妻が自分の上に立ったようで不愉快……、こんな男性もいる。日本全体の問題である女性の地位の低さが議員の数に反映しているのだ。

目立ってなんぼの世界

日本は「和」の世界である。空気を読んで目立たないようにふるまうのが美徳。とくに女性にこの美徳が期待される。ところが、選挙は目立ってなんぼの世界である。市議選で洋さんから言われたことは「自分がしたいと思うことをどんどん言って回るんです。ゆうたもん勝ちです。当選してからどうやって実現させるか考えればいいんです」

演説だけではない。服装も、看板も、ポスターもいかに目立たせるかが大事である。真っ赤な勝負服でがんばる人もいれば、運動員にそろいの法被を着せる会派、シンボルカラーを決めてあらゆるグッズを統一する会派もあり。20年前の顔でポスター作る人もいる。ラガーシャツで立ち続ける若者もいる。学歴などは吹聴しまくる。

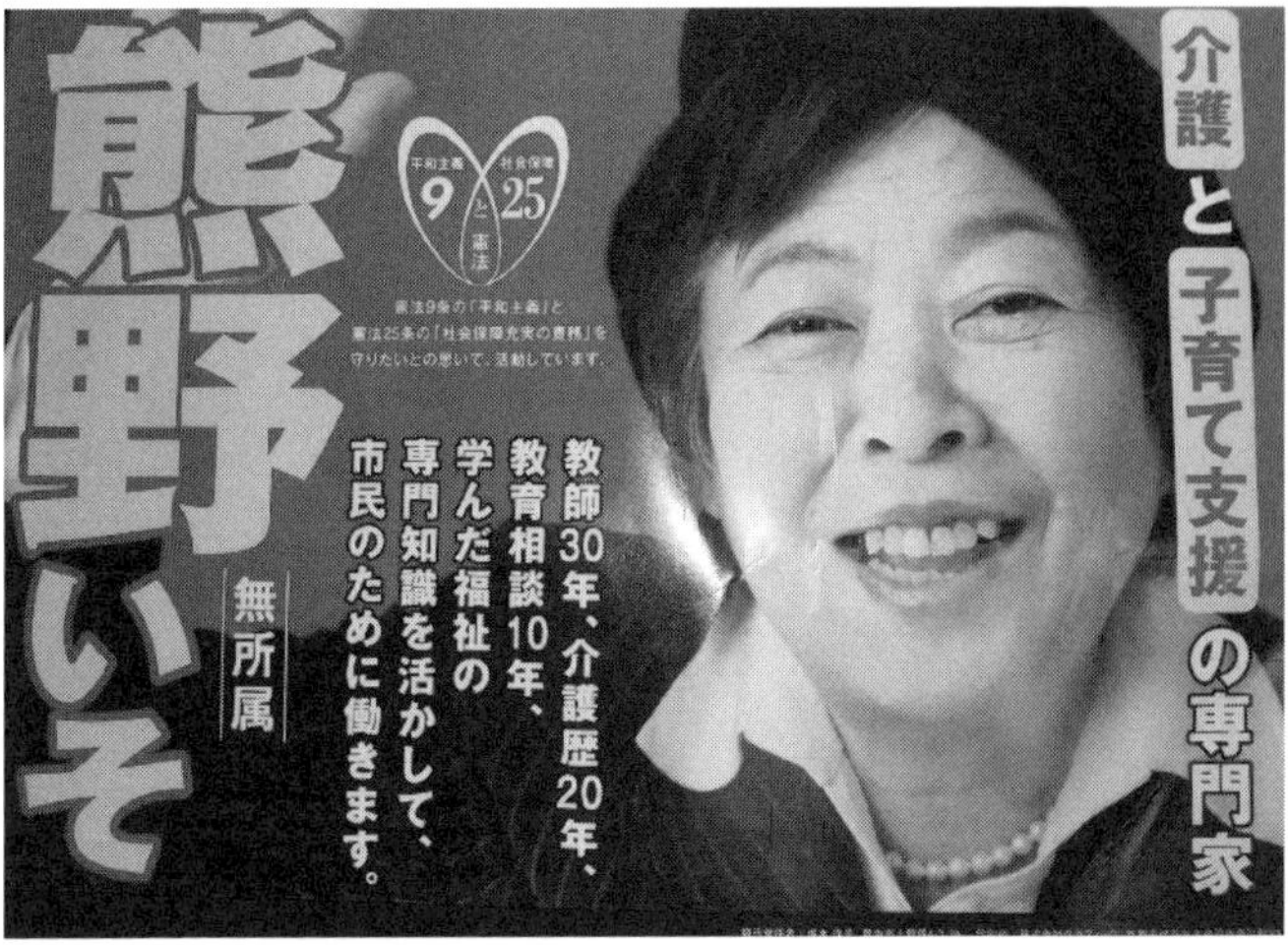

様々なハードルを無事のりこえ、「熊野いそ」は豊中市議会に登場する

ちなみに私もパンフレットの色には気を使った。「先生のシンボルカラーは赤に決まっている」と教え子の一言で赤に決めた。

目立ちたがりの勢ぞろいが選挙である。まだまだ日本の女性には目立ちたがりは少ないようである。

ガラスの天井

他市でのことであるが、小学校で市議会の仕事について話したことが何回かある。女子の反応がよくて、「私も議員になりたい」という子もいる。講師が女性だからか、男子よりも積極的な発言が多い。しかし、上の学校にいくにつれこういった傾向は減るようである。東京大学の女学生は大学名を隠すという。男の上に立つことをはばかる空気がまだまだ日本の女性たちにあるのではないか。それは家庭の女子教育や企業の待遇によるところが大きいのではないか。

「女の子ですからそんなにがんばらせなくても……」教師時代の進路指導で親からよく聞いた言葉である。企業で女性従業員を「女の子」と呼ぶ風潮も依然としてある。日本のガラスの天井はなかなか頑丈にできている。

第2章

新米議員奮闘記

1. 議会は不思議の国

野党に見られたくない！

２０１１年４月、初登院の日が来た。当選証書をもらって議事堂の前で議員36人の記念撮影である。

高位当選の30代の若手議員たち、貫禄たっぷりの男性ベテラン議員に交じってわずか６人の女性議員。私以外は政党所属、いずれも熟年と呼ばれる年齢ばかりである。聞いてみると、私が女性では一番年長、中央にベテラン議員が座り、新人は端でにっこり。その後、議員控室へ案内された。会派に所属している議員は２階の会派控室へ行った。無所属の木村議員と私、若い上原議員は１階の控室。ここは広いが窓がないので私はム・ショ・部屋と密かに呼ぶことにした。

木村真市議は労働問題に詳しい市民派の議員である。40代後半の働き盛り。上原議員は前期、20代で初当選した若者である。この３人は選挙ポスターを協力して貼った仲であり、当選すれば無所属の会を作ろうという方向であった。元々、上原議員と木村議員、洋さんの伴侶・保子さんとは緩やかなグループを作っていたし、上原議員の最初の選挙参謀は洋さんだった。当然、会派を作ろうという話し合いが行なわれたが、上原議員の態度ははっきりしない。

上原議員の言い分は木村議員と一緒にいると、野党に見られてしまうという。長時間話し合ったがらちがあかない。老・壮・青でがんばりましょうよと私は口説いたが返事はない。

会派届の締め切り前日、「別の議員たちと会派を作ります」というメールが来た。説明なし。どこに属そうと個人の自由にはちがいないが、無所属の肩書で当選したとたんに変身とは少々驚いた。野党だという触れ込みで当選したのに、自民党に入るようなものだ。選挙民にどう説明するか、なんて考えるのは古いのか……。

豊中市議会の定めで会派は3人以上であったため、2人では会派は作れない。木村議員と私は無所属のままである。

無所属を選んだ松田議員がいるが、木村議員や私とは政治姿勢がちがうので会派を作ることはなかった。3人バラバラの無所属。その時点では……。

会派構成は公明党10人、日本共産党6人、新政とよなか5人、自民新風会5人、市民クラブ4人、未来とよなか3人、そして無所属3人。合計36人である。

政党との関係で言えば、民主党・社民党が「市民クラブ」。「新政とよなか」は民主党系の議員と保守系市民派。「未来とよなか」は政党の系列はない。はっきりした与党は自民党と公明党、市民クラブの3つであるが、「新政とよなか」と「未来とよなか」も与党系である。

では、与党か野党なのかどうやって見分けるのかご存じだろうか？　答えは簡単である。市長提案の予算に賛成するかどうかである。この期の豊中市議会の野党は、共産党と木村議員そして私である。

当時のスケジュールと議員の仕事

新議会は5月から始まる。5月議会、7月末に臨時会（ない時もある）、9月議会、10月は前年度の決算認定、12月議会、3月議会は次年度の予算を決める。

議案は市長が提起（上程と呼ぶ）し、各常任委員会で審議する。採決、本会議、審議採決という流れである。

議案は条例、予算案、決算認定のほかに教育委員などの選任同意等々、基本的に市当局（理事者と呼ぶ）からの提案である。めったにないが議員提案もあるし、市民からの請願の採択もある。

議事の進行は議会運営委員会で決定する。議員の仕事は質問と討論、採決である。質問は本会議10分（質問のみの時間）、常任委員会80分程度（質問＋答弁）、議案採決時の討論は時間制限なし、これらは公開で行なわれる。

ほかにも議会改革委員会（議会改革のための専門委員会）があるが、委員は会派選出なので無所属は蚊帳の外。議論は非公開である。

常任委員会での質問は付託されている議事の範囲内で行なうが、本会議の質問は3月議会以外は一般質問と呼ばれて自由にとりあげてもよい。ここで議員は色々な提案をしたり、市政の批判をしたり、市を追及したりする。直接傍聴もできる。これが議員の表舞台というわけである。

議会の運営は議会運営委員会で行なわれるが、その構成員は会派の構成員の人数にもとづいて割り当てられる。議会運営員会への提案は会派代表の幹事長会議が行なう。これは全会一致、非公開、無所属議員は傍聴もできないという密室！

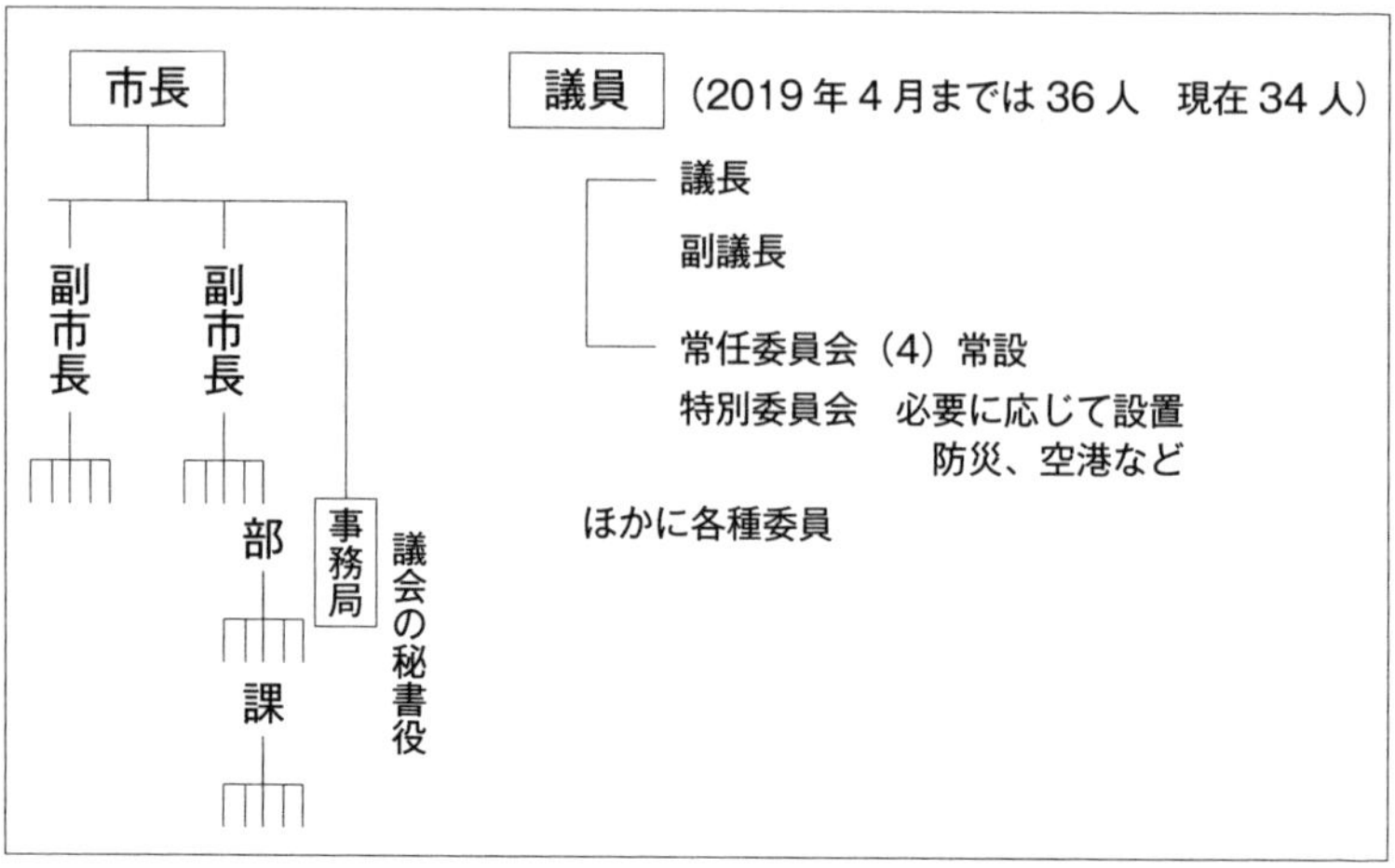

別に事務局（市の部局の1つで議会と議員に関する事務的なことを行なう）というのがあって、これが言わば議員をまとめた秘書室。ここが、議会の運営についてその都度、詳しく教えてくれるということになっている。

大事な先例集

当選早々、事務局が大事そうに持ってきたのが先例集である。後でわかったが、これがめちゃくちゃ大事である。

例えば、幹事長会でこれまでにないことが提案されるとする。すると、先例の生き字引みたいな事務局の課長が一言「それは先例にないです」。これで終わり。この課長はもしかしたら議長より偉いのかも……。

さて、事務局曰く「会期は35日間、6月にまたがり、全議員の個人質問が行なわれます」

やったあ！　初質問だ、がんばるぞ！

「質問の順番もあらかじめ決めておいてください」

「はいはい」と、電話をかけあって決めた。

ところが、数日後、「会期は10日間に短縮になるでしょう」と、事務局が告げに来た。

「なぜ、35日間でないんです？」

「35日間という意見が多かったのですが、ある会派が反対されて、全会一致にならなかったので」

ある会派とは自民党である。

「それって変です。原案は35日間でしょ。10日間にするという提案こそ、全会一致でないと通らないというのが筋でしょう」

「このことにご反対でしたら、本会議で会期10日間の提案があった時に『異議あり』と発言されないといけません。そうしたら採決になります」

よし、大声で言うぞ。35日間にしようという会派が多かったんだから、ひっくり返るにちがいない。

5月17日、初議会。最年長の渡瀬議員が議長を務め、会期短縮の提案がなされた。「異議あり」と叫びが起こり、採決。

ところが、反対は隣の木村議員と共産党と「未来とよなか」のみである。残りは起立、幹事長会（この時点では代表者会という）でいったんは35日間に賛成したのに、共産党以外は「全会一致の原則を尊重して」自民党に同調したそうな。そしてこれは毎年のことだとか。

議員の仕事は質問。それを放棄してしまう。給料泥棒と言われても仕方ない。私はあきれるばかりだった。

先例ありきのお化けのような世界だなあと感心していたら、そうでもなかった。

先例によれば議長は第一会派から選出し、副議長は第二会派から選出する。これが先例。議会の常識だから私でも知っていた。第一会派は公明党、第二会派は共産党（会派の議員の数で決まる）。

幹事長会議の全会一致で公明党の女性議員が議長候補になり、本会議で選出となった。副議長は先例に従えば共産党で決まり。ところが、自民党が異議を唱えて自党の候補者を出すことになり、選挙となった。

「先例を守れよ」と、私と木村議員は共産党候補に投票した。共産党と合わせて8票のはずが開票すると9票。議場にざわめきが広がり「誰や、だれが入れたんや」、松田議員は「僕は入れてませんよ」という。どういうことか？

ついにわからずじまい。与党会派の議員のなかにもいる……、手前勝手な先例解釈に不満の人が。

役員選挙の常識

わが市独特の制度かもしれないが、「ドント」という不思議なシステムがある。役職、つまり議長、副議長と4常任委員会の正副委員長、監査委員、その他外部に出ていく議員（外部委員）が決まる。例えば競艇委員なんてのもある。競艇委員になると、競艇がVIP席で見られるらしく、競艇好きの人にはおいしい役らしい。

外部委員には報酬があるが、常任委員長には手当てがつかない。各会派の幹事長は実力者として一目置かれるようだが、回り持ちの委員長なんてたいしたことない。おまけに委員会では議長なのでしゃべれないし、なんのよいことがあるんだろうか？

「選挙ですよ。選挙に出たとき○○常任委員長って肩書があるのとないのとではちがうんです」

本当かな? 私なんかなんもないけど通ったよ。

とにかく、もし投票で決めたら全役職が第一会派になってしまう。それではあんまりということで考え出されたのがドントという。しかしこれがどんなものなのか、無所属議員は参加できないし、おどろいたことに傍聴もできないのでさっぱりわからない。議会の先輩である木村議員に聞いてもいまいち理解できない。

「ただいまからドントを行ないますので待機してください」と言われてひたすら待つ。最後のドントで残ったらしい常任委員会の委員が回ってくる仕組み。

例年あまり人気がないらしい建設水道委員会と文教常任委員会しか回ってこないということだったが、どういうわけか今回は環境福祉常任委員会(市民生活に最も密接な委員会)、総務常任委員会(財務総務はじめ、もっとも重要な委員会と言われる)、建設水道委員会が回ってきた。3人の無所属議員全員が環境福祉委員会を希望してバトルとなり、くじ引きで決着をつけることになった。木村議員が当たりだったが、心優しくも私に譲ってくれた。

「絶対に環境福祉常任委員会にならなくちゃだめ」と仲間から言われていたのでがんばっちゃった。そんなわけで勇躍、環境福祉常任委員会へ。

今日は初めての環境福祉常任委員会。と言っても委員長・副委員長を決めるだけ。どうせ私には関係ないと思っていたら、事務局長（役所の中では部長級らしい）登場、恰幅のよい紳士で実に物腰柔らかである。

「熊野議員は最年長でいらっしゃるので、臨時委員長をしていただくことになります」と差し出したのは台本。セリフがすべて印刷してある。臨時委員長が選挙について一任され、すでにドントで決まっている委員長候補を指名して終わり。30秒ほどと予測された。

「この通りにしていただきます」

「はあ……」

しかし、誰が委員長候補なの？　誰も名乗りに来てくれなかったわよ。どうしてわかるの？　無所属は会議の傍聴さえ〝先例〟でさせてもらえないのにばかげた話である。

よしっ！。さて本番である。全員着席を確認した。議長登場「最年長の熊野議員に仮委員長をお願いします」

「皆様、一番の年寄りということで臨時委委員長務めさせていただきます」とにっこり。皆さんもにっこり。

「選挙に入ります」。間髪入れず「臨時委員長一任！」年長議員が叫ぶ。「よろしゅうございますか？」、「異議なし」。

「では、選挙に移ります」ここまで台本通り。台本では〇〇議員に委員長お願いしますとあるが私は無視を決め込んだ。

「では、委員長に立候補される方ありますか？」エッ？ 台本とちがうじゃないの？ 慌てた年配議員が「先ほど委員長に一任したじゃないですか」。

「はい、選挙を一任されましたので通常のルールに従って進めます」笑っている人、眉をしかめる人。かまわずに、「立候補される方ありませんか」と繰り返すと、やっとドントで決まっている若い議員が「立候補します」。

「では、立候補の弁をどうぞ」まったくの予定外だったと思うが、そこは議員、そつないあいさつを行なった。

「ほかにありませんか？」、「なし」。「推薦される方はありませんか？」、「なし」。「では

○○議員に委員長をお願いします」パチパチパチ。30秒が3分になった。
「副委員長も同じ手順でお願いします。」と言ったので、改めて本物の議長になった新委員長も笑って立候補を募り、後は同様に進んだ。

たったこれだけのことが重大事件らしい。委員会が終了すると事務局長が飛んで来た。

「熊野議員に十分な説明をしなかったので申しわけありません」

「いいえ、十分説明されましたよ」

「ではなぜあのような……」

「おかしいと思ったのです。委員が決まるのは本会議、委員を決めた後に集まって委員長を互選すると規則にあるじゃないですか。幹事長会で委員も正式に決まっていない段階で委員長だけをドントで決めてしまう。その席に無所属は呼ばれない。正式にご本人とお会いすることもないのに、どうして指名できるんですか?」

新人議員がどっとはいった選挙後初議会、名前も覚えたか覚えないかの時点でやみくもに指名できるか。

「議長選挙と同じく前例にのっとって……」

「議長選挙の時はきちんと立候補されて全員にあいさつに見えましたよ」

「委員長がごあいさつに見える暇がなくて……」

「あのね、同じ議会棟にいるんですよ、立候補しますってどうして言えないの？　暇がないとかいうことじゃないでしょう。一般的なルールでしょう」

「でも、ドントで決まっているので、もし万一ほかの方が立候補されたら……」

……するわけないやろう。

「その時は選挙すればドントで決まっている人が勝つでしょう、それでいいでしょう？」

事務局長は納得せずに議論は平行線。民主主義は手続きも大事なはず。しかし、世間の常識はここでは非常識？

常識と非常識のちがいという点では、こんなエピソードもあった。

教育委員会委員の人事を認めるかどうかが議題になった。委員候補の経歴は直前に配られただけで予備知識はない。顔を見たこともない候補の選定に同意するのはどうも抵抗がある。しかも今回は教育畑や有識者、一般市民ではない市の官僚出身者である。

教育委員会は、市の教育行政に市民の声を反映させようとできた制度で、終戦直後は選挙で選んだものだった。それが官僚で占められていいのか？　結局、木村議員と私の2人は不同意だった。起立採決だったので座っている。

会議が終わった後、同い年の塚本議員が、

「熊野さん、木村君と一緒に座っていると、木村君の下に見られてしまうよ」

「?」私は返す言葉がなかった。

塚本議員は善意で忠告してくれている。しかし変な話だ。ここでは市民からどう見られるかが問題なのではなく、ほかの議員からどう見られるのかが大事なんだ。うーん、不思議の国だね。

隠された事実、原発メルトダウン

議会は閉会してしまったので、3・11の被災地の視察に出かけた。原発事故はちょうど選挙の直前だった。

当時、東京の報道関係の知人から「極秘情報だけど、チェルノブイリ級の事故だ。東京から撤退するかもしれない」という知らせがあった。私はすぐに反原発運動の先駆者である和田長久さんを招いて学習会を開いた。会場にあふれる参加者を前に「メルトダウンが起こっている」と和田さんは断言した。

しかし、世間ではメルトダウンなんてとんでもない。そんなことを言うと風評被害を煽ると攻撃される雰囲気である。事実、この学習会さえ「遠慮したら」という知人がいた。今思えば風評どころか真実だったのに。

やっとこの頃から、ちらちらとメルトダウンという言葉が聞こえ始めていた。

「いったいどうなってるんだ、現地に行こう!」

「視察する」と正式に言うと事務局が相手の役所に連絡し、職員が迎えに来て資料を提供したり、現地を案内してくれる。公費も出るのだが、ただでさえ大混乱の現地役所に迷惑をかけたくないので個人的に視察することにした。市長選の後援会長ミカさんが宮城県に転居していたので泊めてもらった。

6月11日、若い人たち中心の反原発デモに参加した後、車で仙台市の被災現場に行った。市の中心部から海岸に向かうにつれ、ものすごい破壊の跡が次々と登場し、やがて浜沿いに見渡す限りの死の世界がひろがってきた。

「ここは、きれいな松林の堤防が続いていて、鮮魚の市場がすごく賑わっていたのよ」と、ミカさんが声を詰まらせた。

面影はまったくなく、家々は礎石のみを残し、真っ平な空間がどこまでも、どこまでも続いている。小山のような土の隆起の上に卒塔婆が立ち、流された神社の神具が一か

かつて、松林の堤防が続き、鮮魚の市場で賑わっていた（撮影日 2011 年 6 月 11 日）

所にまとめられている。訪れる人は茫然と立ち尽くすのみだった。

その夜、ミカさんが震災後1か月間保存していた『河北日報』を見せてくれた。有力な地方紙である。驚いたのは3月13日付の一面トップには「福島第一原発　建屋爆発　初の炉心溶融」と明確に報道している。疑問符はついていない。

私は『河北新報』を訪れ、1か月分を購入した。そこには刻々と深刻化する原発事故の情報が載っていた。大阪の新聞やテレビとはまるでちがう。そこで記者に電話で尋ねてみた。

「どうしてメルトダウン（炉心溶融）とわかったのですか？」

「現場で明確に炉心溶融が起きていると聞きました」

「書くのに勇気が必要だったでしょう?」

「事実を書いただけです」

「圧力などなかったですか?」

「事実を報道するのが新聞です」

この時期、どこの全国紙もテレビも炉心溶融や格納容器損傷といったニュースを流していない。風評被害の名のもとに事実は隠され続けたのだ。大手マスコミが真実を報道したのはなんと事故の3か月後だった。

その後も原発事故を忘れさせようという東電や政府の姿勢は続き、反原発運動も次第に下火になっていった。今や原発は重要なベースロード電源(信頼性の高い発電が可能な発電所)に復帰した。権力が忘れさせようとすれば、ことは簡単である。わずか8年であの恐怖の日々は消えてしまった。

2. 本会議デビュー

専門分野で勝負

議会のルールにはおどろくばかりであるが、いつまでもあきれているわけにはいかない。どうしたら、議論の風を起こせるか。とにかく同僚議員と話をしなければと感じた私は、様々な会合に顔を出し、会話をすることに努めた。そこで議員にはそれぞれ得意分野があること、福祉、教育、防災、水道事業、病院、財政、建設など、会派内で分担して市政の課題に取り組んでいることを知った。

1人会派の私は得意分野を深めることが大事だと気づいた。得意分野はもちろん介護保険をはじめとする社会保障制度と、長年教壇で教えてきた憲法の課題である。9月議会が近づいている。まずは介護問題を取り上げようと決心した。

当時、私が所属する市民グループ「介護保険とよなか市民会議」で大きな問題になっていたことは、特別養護老人ホームのホテルコストであった。2005年の介護保険制度の改革で、従来全額介護保険から出ていた特養の居住費・食費（ホテルコスト）が全額自己負担となったのだ。

ホテルコストは施設が決める。当然個室を高額に設定する。従来から厚労省は、新設の特養はオール個室と指導していた。このままでは金持ちしか入居できない。そこで非課税世帯には負担限度額制度という軽減措置を講じることになった。遺族年金で暮らす専業主婦は非課税なので入居できる。また、配偶者が入居してホテルコストによって生活苦に陥った場合も軽減措置の対象になる。しかし、わずかな年金でも課税世帯であればこの軽減措置は受けられない。

当時、豊中市の特養施設11のうち、7つは新型特養施設でオール個室であった。ホテルコストは、全国的には月額12万円から13万円が通常と言われている。しかし、豊中市の新型特養施設では月額16万円を超えるところが出現していた。1割負担の利用料を入れると20万を超える。それでは非課税以外の年金生活者は誰も入居できない。

特養施設の指導監督は大阪府だったので何度も訴えたが、暖簾に腕押し。しかし、次年度から豊中市は中核市になり、特養の指導権限が移ってくる。今がチャンスである。改善させよう。

しかし、ありきたりの質問方法ではゆうただけで終わってしまう。どうしたらよいのか？

よい質問をするためには、３つのことが必要である。

（１）獲得目標が大事

「熊野さん、ただ質問しただけじゃだめですよ。獲得目標が大事です」

先輩議員のアドバイスである。

「理事者（役所のこと）は普通の答えしかしません。それで引っ込んだら、ハイそれまでよ」

「ふうん、で、どうするんです？」

「突っ込んだ質問を考えて、理事者を追い詰めるんです。理事者の答えは何通りかあります。もちろん、にべもなくお断りのゼロ回答もありますが」

さらにアドバイスは続く。

「ご提案については研究します……。なんてのもあります。聞いただけやる気なしです」

「検討します」は、一応は考えるということで、C回答ってところか。しかし、B回答に近いこともあるという。

「前向きに検討します。または具体的なことを述べて『検討します』は本気で考えるということです」

これがB回答。

「時折、〇〇〇します。〇〇〇したい。こう言った言い回しは本当にやるということです」これがA回答。

「事前に確答を避け『要望で言ってください』ということもある。これに引っかかってはいけません。質問しないことと同じことになってしまいます」

目指せA回答、せめてB回答。戦闘開始となる。

②質問前のバトルが大事

議会本番前には役所と議員とは激しいバトルをする（バトルしない議員も結構いるらしいが）。

こうしてください↓できません↓どうしてできないの？↓かくかくしかじか↓それはおかしい、こうすればできるはず↓できません↓よその市ではやってる↓事情がちがいます→ここを変えれば豊中市でもできる……。

こんなやりとりを何時間も何日も続けて役所を説得する。理事者が明確に答えたことは必ず実行しなければならない。発言したことの取り消しはできない。部長たちが本会議で「つい、ゆうてもうた」は許されない。

ちなみに、8年間で一度だけ私の質問に答えた部長が言いまちがいをしたことがある。単純な数字のまちがいなのだが、会議を開き、全議員に一人ひとり部長が訂正して回るという大げさな事態になった。

そんなわけで、役所はなるべくあいまいな答え方をしようとする。それをさせないためのバトルが続く。控室と本庁の部署との間を職員が質問案と回答案をもって何往復もする。最後に部長決済して答弁案ができる。それを公にして、確認する場が議場である。

また、理事者は議員の提案を採用したとは死んでも言わない。前からそのつもりだったような顔をしている。議員も内実を理解しているので、「兼ねてから我が会派が（または私が）主張してきた○○の施策が実現したことは大いに評価する」というような言い方をする。

よく、本会議を傍聴したけどつまらなかったという声を聞く。こういう仕組みで質疑は行なわれるので、傍聴していてもあまりおもしろくないという結果になってしまうのである。

③作戦が大事

本会議の質問時間は1人あたり10分間。しかも当時は三問形式（第一問で質問し、理事者が回答。第二問でつっこみ、理事者が回答。第三問で要望して終わりという形式）なので、どうやって役所を追い詰める？

獲得目標としては、ホテルコストを下げて誰でも入居できる特養にする。せめてこれから作られる特養は一般的な年金で入居できるような価格設定をするように市が指導する。

〈作戦1〉

前年度の議会で同じ質問があったが、「土地代が高いから」と逃げられた。そこで同じように土地代が高い隣りの市の特養のホテルコストを調べる。なんと平均2万円も安い。これで土地代根拠説を粉砕できる。

〈作戦2〉

古い特養はホテルコストが安い。新型特養と比べて申し込み数が多いはず。調査開始した。新型特養20人待ち（それでも十分多いが）。古い特養はなんと1000人待ち。実情アピールは十分である。

〈作戦3〉

一般的な年金生活者が特養に入れない。私も入れないし、課長級でも無理。入れない特養を作って一体どうする？　古い特養に入ろうとしたら100年かかる。

ショートステイでも1日あたり5000円ではおちおち利用できない。市民を守ることが市役所の使命のはず。この現状をどのように考えているのかと、どんどん責めまくる。何回も質問案と回答案のやり取りをして詰めていく。

本会議質問前夜にやっと最終回答案が届いた。内容は「誰もが利用しやすい費用設定が本来あるべき姿だとは考えておりますので、施設入居者や今後入居を希望される方が少しでも利用しやすい費用設定になりますよう、本市におきましては、介護保険事業計画に基づく基盤整備を進める際には、入居者府負担の観点も考慮しながら、公募選定に努めるとともに、国・府に対して地域特性に見合った基準額及び負担限度額制度（非課税者への減免措置、これがあるので遺族年金の女性が入居できる）の在り方、見直しなどについて市長会を通じて求めてまいりたい」

なんともまわりくどい表現だが、新たにできる予定の特養については、ホテルコストを安くするように指導するということ。おっ、これはA回答である。質問と回答を三問形式に修正して、自分の話している時間は10分に収めるのはなかなか大変である。時計片手に練習、また練習、とうとう徹夜。

9時30分、夫の運転する車で議会へ向かう途中、携帯電話が鳴る。

「熊野議員、本日10時から本会議です。よろしくおねがいします」と、事務局から電話があった。毎日、全議員に片っ端から電話をする大事なお仕事らしい。

「なんで電話なんかかけるの？　事務局大変じゃないですか」

みんな遅刻などしないし、全員出席なのにと疑問がわいた。

「昔はちがったね」と、最長老の渡瀬議員が笑いながら「80歳過ぎまで議員をやった北町のドン、知ってるでしょ。あの人なんか電話しないと姿を現さないんだから」。渡瀬議員は元議会事務局員だった。

「固定電話の時代だからよくテレビの音がしてたよ。家で飯食ってんだ」

「開会20分前に？」

「会議のこと忘れてたんだろう」

北町のドンは議場でずっと寝ていたという噂があった。こういった人も議員なのである。


本会議は議場で行なわれる。議場はすり鉢状になっている。前面が理事者席、市長・副市長はじめ部長がずらり。2階ほどの高さに議長席、中央に演壇があり、階段状に議員席、後方に傍聴席がある。大体どこの市議会も似たようなものだ。国会議事堂の真似である。女性は部長席に1人、6人の女性議員、計7人。男世界だ！

各会派の議員に続いて無所属の議員が発言する。

「無所属熊野以素議員の発言を許します」議長の声が降ってくる、さすがに緊張。

「議長」と挙手。

「熊野議員」

2020年、豊中市の議場。男性社会の権化と言っても過言ではない。

「14番熊野以素」これを発言のたびに繰り返す。まるで囚人番号や。傍聴に来た夫の感想は「あほらしくて聴いてられへん」。

しかし、こちらはそんなことを考える暇はない。徹夜で頭がふらふらしながら登壇。それでもなんとか無事に質問し、回答を得て、さっそうと降壇と行きたかったが、段差を忘れ、こけそうになりどさっと着席。椅子は固定式でなんとも座り心地が悪かった。

散会後、廊下で同僚議員に話しかけられた。

「知りませんでした、ホテルコストあんなに高いなんて」

「ひどいはなしです」

「ところで、熊野さんの年金では入れないなんて本当ですか?」

「学校の先生って、年金よいんじゃないんですか?」

「私は30年間正教員して16万7000円です」
「確かにそれでは入れないですね」
つい個人情報漏らしてしまった。

この時はうまくいったが、事前の回答の詰め方が不十分で逃げられる経験もした。それ以後、シナリオの詰めは欠かさず、質問は「立て板に水」を心がけた。つい熱が入りすぎ、タイムオーバーになったこともある。

本会議では部長が回答し、市長はめったに発言しない。反問権もないから、ほとんど聞いているだけである。無論、居眠りもできない。いつも目はパッチリである。

常任委員会では回答するのは課長級。部長はほぼ聞いているだけ。さぞかし眠いだろう。理事者も大変だと同情してしまう。まあ、答えは全部前の日までに決まっているのだから、眠気と腰の痛ささえ辛抱すればよいので気楽と言えば気楽か。

しかし、時には部長や市長も発言したくて、たまらなくなる時があるようだ。

勝負をかける、おきて破りの質問

12月の福祉常任委員会での一幕である。

豊中市は中核市（人口30万人以上。現在は20万人以上の要件を満たす政令指定都市以外の規模や能力などが比較的大きな都市の事務権限を強化し、できる限り住民の身近なところで行政を行なうことができるようにした都市制度）になるので、福祉に関する審議会を作り、福祉法人などに対する処分権限を持つ、社会福祉審議会を作らねばならない。この審議会が十分機能して、福祉法人や福祉サービス事業者の指導監督をしなければならない。

市民グループ「介護保険とよなか市民会議」は某悪徳福祉法人との闘いの歴史があり、審議会設置にはおおいに期待していた。そこで私は前市議・保子さんにアレンジしてもらって高槻市、東大阪市などの先輩中核市を訪問、審議会の運営をつぶさに調査した。ポイントは監査、指導の業務を行なう福祉指導監査室の在り方と審査結果の公表である。これを明らかにしておかないと仏作って魂入れずになる。がんばるぞ。

ところが、

「環境福祉常任員会では福祉指導監査室の在り方については議論できません」

「社会福祉審議会条例は環境福祉常任委員会が審議しますが、福祉指導監査室の設置と詳細は総務常任委員会に付託されています。よその負託案件について議論はできません」

「それでも、質問したらどうなるの」

「ストップがかかります」

「それじゃ、総務常任員会でちゃんと議論してくださるんですか」

「しませんね、福祉常任委員会でないから」

つまり、中身も不明のまま新しい監査室ができるということ。こんな不合理許せる？変なルールは無視しちゃおう！　質問やるぞ！

さて、環境福祉常任委員会の当日。

「条例設置でどんな審議会ができますか？」

「社会福祉審議会は社会福祉法により、中核市に設置することが明記され、社会福祉に関する事項を調査審議するために設置するもので、本市では専門分科会として、法令で必置とされる民生委員審査専門分科会、身体障害者福祉専門分科会、児童福祉専門分科会のほか、老人福祉法の規定により、高齢者福祉専門分科会の設置を検討しております。民生委員推薦に係る適否や身体障害者手帳の等級認定、福祉施設などの改善命令などの際、意見聴取など専門的な審査や処分性の強い性格を有しているものと考えております」

「処分するということになりますと、これはサービス提供事業者に対する監査や指導が前提になってまいります。それはどこが行なうのか、福祉指導監査室なのでしょう。指導監査室はどういう中身でどんな構成になりますか。また事業者への指導基準、監査の結果は公表されますか」（ここですでに境界を越えている）

公表はしないという回答。

「次に……（誰も気づいていない、えいいっちゃえ）」

「監査結果の公表を高槻市はしています。監査結果の公表は福祉サービスの質の向上のためには不可欠です。いかがですか」と畳みかける。

「委員長」と理事者が挙手した瞬間、

「熊野議員、ただ今の質問は総務常任委員会に付託されている案件で、当委員会で審議するのはふさわしくないかと」委員長の一声。やっぱり気づかれちゃった。ほかの委員や傍聴の議員からヤジが飛ぶ。

「ルールを守れ」、「理事者が答えるってんだから答えさせろ」、「熊野さんがんばれ」。騒然となった。

「質問を続行するかどうか協議に入ります」と委員長。そうなると議事中断。院内のテレビ中継もカット。ここで中断はまずい！

「結構です。わかってやってることだからお答えはいらない。要望を述べるだけにしますから」

「質問はしないということで」と再開。

要望なんだから、じゃんじゃん言っちゃおう。

某悪徳福祉法人の例も挙げ、監査結果の公表がいかにサービスの質の向上に役立つか、長い演説ぶって「終わります！」。突然、「委員長」。

健康福祉部長が立ち上がり発言を求めた。これも異例のことであり会場はざわめいた。

「豊中市は豊中版スタイルを大事にしていきたい。……先輩市も必ずしもよいとは限らない。豊中版としてどういったスタイルの公表の仕方、監査の仕方がよいのか、つき詰めてしっかりと取り組んでまいりたいと考えております」と、熱を込めて宣言した。

部長の答弁はどんな場合も課長が書いたものの棒読みで、心がこもっていない。委員会ではまず答弁に立たない。初めて部長の肉声を聞いた。異例の展開で、議場は再び騒然となった。私は「委員長」と立ち上がって「今のお言葉が聞きたかった、がんばってください！」。

休む間もなく12月本会議。一般質問の日。決算案で明らかにされた豊中市の介護保険、高齢者福祉、地域福祉の実情をついて、総合的見地から質問しよう。

介護保険の課題、市の広報、相談窓口の改善、ショートステイの実情、要支援サービスの実態と介護サービス外しへの懸念、高齢者サービスの利用状況合わせて25の質問を速射砲、1分半で発射！

福祉部長の答弁は7ページにわたった。さらに第2問で「お泊りデイ」という脱法サービスの実態を詳しく述べ、市の高齢者福祉サービスの予算が変わらないのに利用者が減っているとまたまた1分半。やったあ、まだ7分残っている（1人あたりの質問時間は10分）。

最後の7分で「介護者家族の会」からの切実な要望書を披露し、高齢者の暮らしを介護保険だけではなく、介護予防事業の様々な高齢者サービス＝介護者支援。緊急通報などで重層的に、総合的に支えるべきだと公的責任の重大さを訴える大演説でメ。ぴしゃり10分！　そこで大きな拍手。

えっ？　誰が拍手したの？　前ばかり向いてしゃべっているからわからない。

「拍手は議員さんからですよ。いろいろな会派の方が拍手してましたね。滅多にないことですよ」と、昼休みのソバ屋さんで理事者の1人が教えてくれた。


こうして、あわただしく2011年は暮れていった。

新年を迎えたが、母が亡くなったので年賀も取り止めて静かに時を過ごした。母は家庭から出ることなく一生を終えた人であった。政治活動などには無縁であったが、私が市長選挙に出た時はこっそりクラスメートに電話をかけて回っていたと後に聞いた。

「私はつまらない一生を送った。お前は働き続けなさい」、母の口癖だった。

3月は予算を審議する大事な議会である。月初めに開会、予算案の提示、常任委員会で予算審議、本会議一般質問、月末に予算審議と採決と過密スケジュールである。同時に3年に一度の介護保険事業計画策定・介護保険料の改定の時期である。ここは私の本領発揮の時だ。

議員も知らない介護保険料の仕組み

介護保険はどこでも黒字なのである。

環境福祉常任委員会に入っておどろいたのは、介護保険財政が黒字だから保険料を下げろという議論はするのに、なぜ黒字なのかをわかっていない議員が大勢いることだった。議員だけではない、介護保険の仕組みはほとんど知られていない。

そこで読者の皆さんに情報提供いたしますので、以下をお読みください。

（介護保険財政が黒字である理由）

1　市町村は綿密な高齢者調査を行なって、3年先までの介護サービスの必要見込みを出す。

2　サービスの総費用を計算する。
3　総費用の23％が入ってくるように、65歳以上の介護保険料を設定する（27％は40歳以上の人の保険料、50％は公費）。
4　計算された総費用に見合う介護保険事業計画を立てる。
5　サービス提供を行なう。

赤字になるはずがない。単純に「保険料を下げろ」ということは「サービスを削れ」ということになる。介護保険サービスを制限したい厚労省の意向に沿う結果になるということを誰も気づいていない。


（定額制の欠点）

介護保険料は定額制である。定額性は所得が低い人ほど負担が重い。欠点の補正＝段階制である。

所得別に段階制を設け、基準額からの増減率を決める。基本は1段階から9段階。段階が多いほど配慮が行なわれていることになる。

（お金持ち優遇の介護保険料）

さて、豊中市は介護保険運営委員会の答申を受け、65歳以上の介護保険料の基準額・月4260円、所得段階11段階制の提案を行なった。

この案には大きな問題があった。高所得者の負担率が小さいということである。最高11段階・実収入560万円以上の人は基準額の1・875倍の月額7455円。これ以上の高所得者（豊中には8千人以上もいる）は全員同額。

私は保険料の表と段階別の人数を理事者に出させた。「介護保険とよなか市会議」の仲間とともに負担率も計算してみた。

おどろいたことに、年収1千万円の人の負担率は1％未満。80万円の人（年金生活の専業主婦想定）は、基準額で3・792％の負担率。3倍！　お金持ち優遇！　ひどい。介護保険事業運営委員会では11段階は8520円にしようという案も出ていたのだが、なぜか不採用。このことを環境福祉常任委員会で明らかにする。これが私のテーマ。数字がややこしいので、介護保険料の表を配って議論しよう。

「質問の時に介護保険料の資料を配ります」と、事務局に宣言した。またまた困ったような顔をされた。

「常任委員会で資料を配られる例はあまりないので」

私はびっくり！　議論に資料はつきものだろう。とにかく前例を調べるとか……。結局、議長である委員長の許可が下りて無事配布。

この後の本会議一般質問では、木村議員は資料を配って市税に関する質問をした（なんだ、ほかの人もやってるじゃないの！　これからもじゃんじゃんやろう）

さて、委員たちは熱心に資料を読んでくれた。

数字を詳しく説明し、負担の公平という観点から少なくとも11段階の介護保険料は基準額の2倍にすべきではないのか、委員会ではそういう案も出ていたではないか。他市にはそういう例もあると強く迫った。市の答えは「市の諮問機関である介護保険事業運営委員会で慎重に審議した結果である」と、D回答。

しかし、これで引っ込む私ではない。本会議の最終日の討論でもこの問題を取り上げた。討論は時間制限がないのでたっぷりとやった。結局、市の議案は通ってしまったが……。

本会議が終わってだいぶ経ってからのことである。庁舎の前でばったり福祉部長に会った。もともと知り合いであり、差しさわりのない立ち話しの後に部長はつぶやいた。

「高額所得者の負担は、もっと増やさなければいけませんね」

現在、豊中市の介護保険料段階は16段階で、1000万以上の人は基準額の2・4倍である。市によっては、いまだに9段階などというお粗末なところもある。皆さん、ご自身の市町村の介護保険料をチェックしてみてください。

ちなみに、最近は多くの議員が本会議でも委員会でも資料を配っているようだ。

一括採決っておかしい！

地域自治推進条例を採決する本会議最終日に異変が起こった。普通なら与党議員は全員議案に賛成する。この日は死去による欠員1と病欠2があったので与党は25名。当然賛成25なのが、20名しかなかった。

理由は市側が予算とともに上程した地域自治推進条例案に、多くの与党議員から強い異議が出たためだある。自治会の加入率が40％程度という町で、隣近所のつき合いもどんどん減っていっている。そこで地域自治を推進するために、新たに中学校区に1つ地域自治組織を作らせ、職員と予算をつけようという案である。

住民サイドからの提案でもなく十分な住民への説明もない。戦前の隣組みたいとか、地域のボスを作ることになり、行政と癒着するのではないかなど様々な批判が出た。特に自主的な町作り活動に熱心な若い議員は反対だった。

条例と新年度予算は一括提案されている。先例によって一括提案された議案は、性質のちがうものであっても一括採決と決められている。条例に反対しようと思えば、予算に反対しなければならない。野党の我々はストレートに反対できるが、与党サイドの議員は股裂き状態である。反対するか、目をつぶって賛成するか、棄権するか。「未来とよなか」は反対に回った。そのほか、静かに座席を立つ議員も出た。棄権である。その結果が20名の賛成。もしも一括でなく別々に採決していたら、この条例は通らなかった。議員の多数の意思は消されてしまった。一括採決の矛盾である（2020年6月、豊中市議会で個別採決制が実現した）。

さて、これだけがんばれば、「福祉の熊野」は定着したのではないかと勝手に思うことにした。こうして1年目は終わった。

少しは議論の風を吹かせたかな。議会もだいぶ住みやすくなった。

ここらで議員の日常についてお話ししよう。

議員のカレンダー

本会議中は質問作り、市とのやり取り、質問本番で日々が埋まっていくが、ほかの月はどうしているのか。

1月は様々な行事がある。商工会議所での互礼会に始まり、出初式、いろんな団体との新年の会合。私のような市民派は、つながりを持つ市民グループの会合、地域の新年の催し。

2月は比較的暇だが、半ばには予算に取り組まねばならない。

3月は予算審議の常任委員会・本会議、合間を縫って小中校の卒業式への出席。

4月は入学式、そして様々な市の行事が始まる。各部がいろんな催しを開催し議員は呼ばれる。

5月、6月は議会が短縮されていた頃は暇だったが、後述する「議会改革」の成果で、今はめいっぱい議会の日々。

8月は夏休みと言いたいが、常任委員会の視察、市が主催する豊中祭り、平和月間の取り組み、市内に甲子園の常連校があるので応援にも行かねばならず、多忙を極める。

9月は本会議、常任委員会。

10月は常任委員会で集中して決算の審議を行なう。

11月はまたまた様々な行事の月である。そして12月は常任委員会、本会議である。

このほかに、地域の自治会やPTAを支持母体とする議員は催しのためマメに顔を出すから大変である。

そして、なにより大事なのが市民相談である。道路の穴ぼこ、ごみの放置、公園の設備の不具合、溝のつまり等々。こんなのは簡単に処理できるが介護、生活苦、子育て、保育などの深刻な相談が寄せられる。私の経験ではいつも複数の相談案件を抱えていた。どれもこれも丁寧に話を聞かねばならないような件ばかりであった。

市の単一の窓口での相談では解決できない。例えば、夫婦関係と生活難と介護が絡み合っているといったケースで時間が必要だった。施設における介護虐待のケースなどは福祉審査室と連絡をとりあって解決に半年以上かかった。不思議なことに一つが解決すると必ず新たな相談が寄せられた。

自治体により議会の日程にいくらかの差はあるが、大体は似たような毎日である。議員が議会に出席した日だけ手当を出そうというアイデアがあると聞いた。それではこんな多忙な生活をしようという候補者は現れないだろう。生活の心配がないお金持ちの人が名誉と権力だけを目当てに議員になることだろう。

常任委員会の一日を紹介したいと思う。朝10時5分前、今日は常任委員会議、昨日は理事者との質問の詰め《・・》で忙しかったので睡眠不足。

眠いなあ、ほかの議員の質問で眠くなると困るなあ。しかし、不思議なことに常任委員会では眠くならない。椅子のせいだろうか、配られる水のせいだろうか。ただの水なのだが、などと思いつつドアを開けると「おはようございます」と勢いよく叫ぶ。

部屋の前方に委員と事務局、後方に市長、副市長。部長、課長、主幹など担当職員がずらり。壁際に傍聴の議員。全部で100人位いる。

皆がおはようございますと答える。本会議よりちょっぴり和やか。理事者席を比較すると文教常任委員会は女性の職員が多い。環境福祉常任委員会にも女性はいる。建設水道は男ばかり、総務も男が多い。やっぱり男社会だね。

さて、常任委員は全員で9人。1人は委員長で議長になるので8人が質問をする。発言の順番は一応、当選回数の少ないものからやるが、第一党の議員は必ず一番を務めようとしてよく私と競り合いになった。

付託された議案の説明が理事者からあった後、委員の質問に移る。質問時間は答弁を含めて目安80分（本会議のようにブザーはならない）。だから、延々と深夜まで続く。

「時間制限がなかった昔は日付が変わったね」と、渡瀬議員が言う。

審議は公開だが、委員会が開かれている議場は狭く、傍聴は別室でモニターテレビ中継。だいぶ前から一問一答形式だから聞きやすいが、とにかく長丁場なので傍聴者も帰っていく。役所も営業時間を終え、森閑とした庁舎の中で委員会室だけが煌々と電気がつき、委員と理事者の攻防が続く。傍聴するほかの議員は外に出たり入ったりして息抜きしているが、こっちは椅子に座り詰め。

昼食休憩のほかには、ほぼ2時間間隔で休憩をとるが、夕食をとる時間はない。

「昔は夜の休憩時に弁当を出した」と、再び渡瀬議員。

「弁当の選定が大変だった。おまけに傍聴の議員の分も用意しなくちゃならない。ちょうど、その時間に現れる議員もいて」

「夕食にありつくために？」

「ハハハ、昔の話しさ」

食べずに議論をしていると頭がぼうっとしてくる。日を改めたらよいと思うのだが、一度議案が提案されたら中断はなし。翌日は別の委員会が設定されていて、市長・副市長はそこに出席しなければならない。なにがなんでも今日中ということで80分ルールが定められたらしい。

深夜近くに解放されてタクシーに乗るとどっと疲れが出た。高齢者にはこたえるわ！

市長は4常任委員会全部に出るんだから大変だろうな、ならなくてよかった……。

〈議員のサラメシ〉

議会中は大体食堂に注文した弁当を食べていた。これがまずい。安いことは安いが、どうしたらこんなにまずく作れるんだろうと思うぐらいであった。とうとう食堂が閉店して近所の弁当屋さん数軒が食堂の一隅で500円弁当を売り始めた。これはおいしい。競争原理が働いたのだろう。

弁当を食べない人は市庁舎の近くの飲食店に行く。ムショ部屋の若い議員はもっぱらチェーン店の牛丼である。

「いつも牛丼じゃ栄養が偏るわよ、夜はなにを食べてんの」

「まあ似たようなものです」元ラガーマン。

「倹約ねえ」

「倹約しなくちゃ、僕ら国民年金しかないし」

数年前に議員年金は廃止されている。

「老後不安ですよ」

「結婚もしなくちゃならないしね、独身連盟の会長さん」

「それは……、相手がいないと」

「相手がいても不安定だわね。私たち4年に一回はクビだし、再選の保証なんかどこにもないし、不定期雇用みたいなもんね」

「次の選挙の資金もちゃんと貯めておかないと」

選挙事務所を借りたり、パンフレットを作ったり、決起集会を開いたりと少なくとも100万円～200万円の金が必要となる。

「結婚して、子どもがいる議員は大変よね。扶養家族手当や昇給もないし」

「だから、牛丼」納得！

第3章

2年目も波乱万丈

1. 会派作り

2年目の議員生活スタート

２０１２年の２月議会は、またも会期短縮かとうんざりしていると事務局長が現れた。「今回は変わるかもしれません。５月議会につきましては、幹事長会ではなくて議会運営委員会にかけて多数決で決めることになりました」と告げた。議会運営委員会は正式の機関である。そこで決めるのが当然ではないか。

私たちは大いに期待して、議会運営委員会の傍聴に臨んだ。運営委員は会派の所属議員の数に応じて割り振られる。公明党３（うち１は委員長＝議長）、共産党２、新政とよなか１、自民新風会１、市民クラブ１、未来とよなか１。無所属議員はここでも無視。

５月議会で一般質問をするという議題について公明・自民・新政とよなか計４が反対し、共産・市民クラブ・未来とよなか、計４が賛成した。結局、公明党の議長判断で５月議会質問はなし！

議員は質問するために選ばれているのに、これは職務放棄ではないか。ヤジが飛ぶ中、散会となった。

怒り冷めやらぬ松田議員と私は控室で話し込んだ。

「無所属で会派を作ったらどうでしょう」と、松田議員が思いもかけないことを提案した（豊中市の場合、会派結成は3人以上）。

「そしたら、議会運営委員会に入って一票を行使できますよ」

「でも、私たち全然意見がちがうじゃないの、会派なんて無理よ」

木村議員と私は市民派で共通点があるが、松田議員はどちらかというと保守系無所属という感じである。

「議会改革が必要という点では一致しているじゃないですか」

5月議会の不思議のほかに、一括採決ルールもある。

「とりあえず、5月議会で一般質問をする。5月議会の正常化ということだけで会派をつくりませんか」

「木村議員も同意してくれてます」もう話ができているのか？

「ほかにも参加する人がいるかもしれません」不思議なことを言う。

「ほかに無所属はいないわよ」

「会派を抜けることだってあるじゃないですか」

「えっ？　心当たりがあるの？」

「今はまだ言えませんが、とにかく会派を作ることには同意していただけますね」

「奇抜なアイディアだけど、やってみてもいいかも」

「作戦開始といきますか」と、松田議員は張り切っている。

　翌日、３人そろったムショ部屋に現れた人物を見て木村議員と私はびっくり仰天。なんと自民党所属の前副議長。ここではウーさんと呼ぶことにしよう。多選議員で年齢も70歳近い。血気にかられるという年でもなかろうに。松田さんはどうやって口説いたんだ。松田議員はにこにこ笑っているばかりである。

「皆さんのご意見に賛同しました。このままではいけない、ご一緒に議会改革をしましょう」

　なぜ、自民党会派を離脱するのか具体的なことは語られなかったけれど、結構熱弁をふるうウーさん。結局、会派を作ることになった。さてどんな名前にするか。

「『議会改革』でいこう」

「幹事長は？」

「熊野さん」

「えっ！　昨年議員になったばかりで無理よ」

「僕だって以前に会派を作った時、1年目で幹事長をしましたよ。大丈夫」と松田議員。

「皆で相談して、その結果を持って幹事長会に出ればいいから」と木村議員。

ウーさんも「年の功ですよ、おやんさい」。

こりゃ、とんでもないことになった。でも、もう後に引けない。会派結成届を書いて議長に提出、これから嵐の1週間が始まった。

結成届をもらって、おどろいたのは幹事長会。年度途中の会派結成なんて前代未聞。おまけにドントの真っ最中。すでに議長、副議長は決定したが、これから各会派が点数をかかえて各役職の分捕り合戦。そこへ新会派が殴り込みだと思ったらしい。

「この時期に会派結成を認めるなんて無理だ」

「ドントが終わってからにしてもらおう」

「役職が欲しいのか？」

「全然考えがちがう4人だろう、いったいなんで会派結成か」

「会派結成は自由でしょう、認めるべきですよ」

議論紛糾して結論が出ない。

「議長がお呼びです」と、事務局が呼びに来た。

「会期途中の会派結成は前例がないので遠慮願いたい」と議長。

「会期途中の会派結成はダメだというルールがあるんですか？」

「それはないけど、前例で……」

「では、会期途中での結成を認めなかった前例はあるんですか」

「そんなケースはなかった」

「じゃあ、前例なんてないわけでしょう」

押し問答の繰り返し、とうとう頭に来た私は、「会派結成は議員の権利でしょう！」と、怒鳴ってしまった。ここで物別れ。幹事長会はなにも決められないまま散会。私も帰ろうとしたところへ、「熊野さん」。議会棟の前で声をかけてきたのは自民党の大物市議。この人とは古い知り合いである。まるで考えはちがうが。

「ウーさんは、どういう考えでお宅たちのグループにはいったのかな？」

「私たちの主張に共感したからだと言っておられますよ」

「なにか具体的なこう要求とか、不満とか……」

「聞いてませんけど」、聞いてても言うはずがない。

　幹事長会は、翌日もまた押し問答の繰り返し。ドントはストップ。私は一階のムショ部屋と2階の議長室を行ったり来たりでぎっくり腰状態。幹事長会は翌日も開かれたが結論は出ず……。こちらもムショ部屋で待機。

「会派結成を認めないままドントを続けよう」という意見も出たらしいが、最初から会派結成を認めるべきだという意見の共産党の幹事長が警告を発した。

「そんなことしたら、無所属の4議員が点数を返上しませんよ」。これもドントの決まりで無所属にも点数が割り当てられているが、バラバラなので役職は取れない。それで、最終的には点数を返上してドントが完了する。まあ、簡単に言えば無所属議員が「皆さんお好きに」と言って承認するわけである。

「それは困る」

　議会は開会中である。ドントを終えて委員を決め、本会議を開かねばならない。

「このままでは本会議が開けない」

　ドントが平穏に終わることが大事で、そのために新会派結成を認めたくないわけだから、本会議が開けない事態になったら本末転倒である。そんなに大事か、ドントが！

ついに妥協案が提示された。会派の結成は認めるが、ドントは進行中なので今回は会派として参加しないでほしい。とにかくドントを無事に済ませようというものである。

「どうします？」

「別にドントに参加して役職を得るのが目的じゃない」

「でも、ドントの経過をまったく説明もしないで、あてがいぶちを押しつけるのは許せないわ」

「ドントは進行中なので、途中から入ると混乱するのは確かだ。しかし、秘密会みたいになっているのはよくない」

「参加しないが立ち会うというのはどうだろう？」

「それが落としどころかも」

ウーさんはいささか不満のようだったが、幹事長が立ち会うことで一件落着。こうして、私はドントという分捕り合戦をつぶさに見ることになった。


（ドントの実態）

最初に御大層な割り振り表が配られる。縦軸に各役職の一覧と点数が記され、横軸に各会派の人数と持ち点数が記されている。一応無所属にも点数はついている。

役職の総点数は２１０点。最大会派は54点、最小の３人会派は18点。議長は40点、副議長は25点、監査が２人で20点ずつはすでに決まっているので、残りは１０５点。

役職は常任委員長15点×４、副委員長２×４、特別委員長10、同副委員長２、競艇委員15、クリーンランド（伊丹市と共同のごみ処理場）10、と割り振り表をにらみながら、各会派が取り合うわけである。

例えば「うちは30点持っているから委員長二つとる」、「うちは競艇とクリーンランドを取る」ということをやる。24点しかないのに、25点が必要なんてことが起こるので、途中で無所属に点数を返上させて調整する。

いろいろと思惑もあって、見ていると結構面白い。誰が発明したんだろうこんなシステム。ほかの自治体でもあるんだろうか？　調べてみると意外なことがわかった。

ドント形式とは、政党名簿比例代表において、議席を配分するための最高平均方式の一つであった。この制度を使用している国は、アルゼンチン、オーストリア、ベルギー、ブルガリア、チリ、コロンビア、チェコ共和国、東ティモール、エクアドル、フィンラ

	定数	点数	点数計							無所属	無所属
会派人数	35			9	7	5	5	4	3	1	1
点数合計			210	54	42	30	30	24	18	6	6
議長	1	40	40		40						
副議長	1	25	25	25							
監査	2	20	40			20		20			
上記の残			105	29	2	10	30	4	18	6	6
常任委員長	4	15	60								
常任副委員長	4	2	8								
特別委員長	1	10	10								
特別副委員長	1	2	2								
競艇	1	15	15								
クリーンランド議長	1	10	10								

2018年（平成30）度・点数による割振。
議長、副議長、監査委員を選出した時点でのドント表。

ンド、ハンガリー、アイスランド、イスラエル、日本、マケドニア共和国、オランダ、パラグアイ、ポーランド、ポルトガル、ルーマニア、スコットランド、セルビア、スロベニア、スペイン、トルコ、ウェールズなどがある。意外に多くの国が採用している制度であった。

　少数会派にも議会運営に関わらそうという目的であることは理解できた。「意外に公平じゃないの。なのに、どうして無所属議員を蚊帳の外に置くの？　秘密にするから不信感出てくるのに」
「来年は『議会改革』さんも参加していただきます」
来年まであると思うな会派となんとか……。

いずれにしても、議会は前例にないことをやろうとすると、大変な抵抗にあう世界であるのだ。

こうして出発した会派「議会改革」は当然ながら波乱含み。まもなくウーさんは去ったので、3人でああでもないこうでもないと議論しながら進んでいった。ウーさんが自民党を離れ、私たちと行動をともにした具体的な理由は結局わからずじまいだった。

しかし、ウーさんが言ったことは一つだけ記憶に残っている
「熊野さんがこの1年間言ってきたことに、僕はまったく同感だよ」
えーっ自民党なのに……。心を込めて議論すれば、政治信条のまったくちがう人とでもわかりあえることを学んだ。

会派「議会改革」の提案

市議会には議会改革委員会というものがある。これもまた会派しか参加できない。初参加の「議会改革」は奮い立って、12項目の提案を行なった。そのうち、議会ってそんなことしてるの？　というような4項目をあげる。

1、一括審議の見直し。予算と条例、全然別ものの議案が一緒に提案されて、一括採決されるのは不合理。採決前に議会運営委員会を開いて、一括採決か分離採決か決めるべき。（内容がちがうものは別々に採決すべきだという当り前のこと）。

2、幹事長会は全会一致原則で一会派でも反対すれ案件は没。意見書採択は多数決にすべき（全然考えがちがう会派が全会一致なんてありえないということ）。

3、5月議会で役員選挙、続いて6月に議会を開いて一般質問を行なう（5月議会の正常化を求めること）。

4、議長選挙は立候補を届け出て、議長が立候補者名を読み上げたうえで選挙する（あたりまえでしょう）。

議会改革検討委員会も全会一致の原則で議論はなかなか進まなかった。結局、提案はほとんど不成立の憂き目にあった。

しかし、5月議会の正常化は「議会改革」の存在理由である。議会での活動だけではなく、政務活動費をつぎ込んで『議会改革だより』を作り、アピールするために3人で市内をポスティングして回った。

奮闘のかいがあって、2013年5月の議会運営員会では、全会一致で5月議会を6月議会と改め、一般質問を行なうこととなった。

そして、目的を達して「議会改革」はめでたく解散となった。これまたびっくりされたようで、ほかの会派からいろいろと聞かれ、「これだけが目的でしたから」と答えると唖然とされた。

2. 子ども条例作り

子ども条例

この年、私は文教常任委員会に所属した。おりしも、豊中市は子ども条例の制定に乗り出していた。教師出身の私は大きな関心を持っていた。

話はさかのぼる。

2011年度、子ども健やかはぐくみ条例の制定に向けて、子ども未来部は精力的に取り組んでいた。若い職員が中心に子どもや親にヒアリングを続けてニーズをつかもうと努力していたし、学識経験者や子どもに関わる活動をしている団体、市民委員などからなる審議会が作られて熱心な議論を重ね、条例案作りが進んだ。

審議会の委員長は児童福祉の専門家で後に宝塚市で作られた、いじめ、虐待などで苦しむ子どもたちを助けるために市の条例で設けられた公的第三者機関、子どもオンブズパーソンの設立の原動力になった人である。

豊中市には「こどもオンブズパーソン」を作ろうという市民グループがある。ここに子どもがいじめにあって大変な思いをしたお母さんがいて、審議会の市民委員となっていた。

この審議会を私は何度か傍聴していた。会の運営は極めて民主的で傍聴者との議論の場を毎回設けるので傍聴しがいがあった。

さて、この条例は元々「子どもの権利条約」が発端である。

「子どもの権利条約」とは、子どもの基本的人権を国際的に保障するために定められた条約である。18歳未満の児童（子ども）を権利の主体と位置づけ、大人と同様、1人の人間として人権を認めるとともに、成長の過程で特別な保護や配慮が必要な子どもならではの権利も定めている。前文と本文54条からなり、子どもの生存、発達、保護、参加という包括的な権利を実現・確保するために必要となる具体的な事項を規定。１９８９年の第44回国連総会において採択され、１９９０年に発効。日本は１９９４年に批准した。

批准したので実行するように各自治体ががんばらなければいけない。各地で子ども条例作りが始まった。

ところが、保守派の人々は気に入らない。保守派に人気があるのは「親学」である。「親学」は「子どもは母親が子守唄、母乳で育てる」、「伝統的な育児法を親が学ばねばならない」と熱心に説く。普及のための団体が親学推進協会である。議員連盟もあり、安倍首相もその一員である。

議員連盟の集会で、発達障害の原因は母親の愛情不足という見解が出されて有名になったことがある。こういう立場から見ると、子どもの権利などは世迷いごとだろう。各地で子ども条例作りは難航した。

2012年の3月議会（2011年度の最後の議会）の代表質問に立ったのは自民党の大物市議であった。「親学」についてひとくさりぶった後、

「この条例については、これまでの懇話会の議事録などを見ましても、子どもが主人公的な考え方が支配しているような気がしてなりません。そしてまた、ある委員は、この条例は大人のためのものではありません、子どものための条例なんだと、はっきり言っておられます。どうもその子どもの権利を守るというような、一部子どもの権利条約からの発想も私はあるんではないかと思いますけれども、そういった考え方があまりにも

色濃く反映され過ぎない条例に、ぜひとも仕上げていただきたいと思います」と、大見得を切った。

この大物市議は、男女共同参画推進条例の制定の時も多いに反対し、市に圧力をかけて男女共同参画推進センターの館長の首を飛ばした人物である。（この事件は不当な雇止めとして元館長が訴えて勝訴した）。

彼はいわゆるバックラッシュ（男女平等、男女共同参画に反対する勢力）のわが市での中心人物なので、ミスターバックラッシュ（以下、ミスター）と呼ばせてもらう。バックラッシュの人々は男女共同参画反対にとどまらず、子どもの権利条約にも強く反対する。

親が子どもを育てる権利と義務を持っている。子どもは親のしつけに従うべきだ。子どもの権利などという言葉は、子どものわがままを助長するにすぎない。そんなものを認めれば家族制度は崩壊する。子どもの権利条約を家族主義の国である日本に持ち込むなんてとんでもない、親学こそ基本であるべきだ！

バックラッシュ勢力と親学、日本会議（日本の保守主義・ナショナリスト団体）の構成員は重なる。ミスターはもちろん日本会議のメンバーである。

２０１２年度、文教常任委員会の最大課題は子ども条例案の提案である。重要な条例なので、スケジュールを記したい。

豊中市が条例制定にとりかかり、審議会を立ち上げた（学識経験者・関係団体で活動している市民・公募市民委員などで構成）⬇審議会が市側と議論を重ねる⬇条例の素案を作る⬇パブリックコメントを実施⬇条例案として市が議会に上程⬇常任員会で審議⬇本会議で審議⬇成立。

普通はすらすらと進む。ところが、文教常任委員長はミスターである。市側の責任者の子ども未来部長は、前年度着任した女性で物柔らかで線が細そうに見える（実はそうではなかったのだが）。

ミスターは与党の立場にあるので、見えないところで様々な市の幹部に圧力をかけていると噂された。そのせいか、部長がげっそりやせたという。一方、ミスターはますます恰幅がよくなっている。

さて、審議会は熱心な議論の末に、条例素案を提案した。明確に子どもの権利条約の理念に基づき、子どもの人権の尊重がすべての基礎。子ども審議会の設置。市は子育ち子育て支援施策行動計画策定する。子どもの意見表明権の明記。子でもが暴力や虐待、いじめなどについて直接相談できる窓口設置、困難を有する子どもの救済支援を継続して取り組むなどなど。なかなか行き届いた提案である。普通ならこれが市の案となるはずである。しかし……。

委員会では毎年、視察を行なう。優れた施策を行なっている自治体を視察して、市政の参考にするのである。視察先は委員がいろいろ提案するのを参考に、委員長と副委員長が決める。温泉の研究と称し、何十回も温泉旅行をした議員が訴えられて有名になったが、少なくとも我が豊中市ではそのようなふざけた話はない。ただし、本当に役立った視察もあるが、時には「?」もあった。屋上の緑化をして成功したという提案者の話しがあり視察したことがあるが、いざ行ってみると、市役所の屋上庭園が半分ほど無残に枯れていたという例もある。

この年の視察先は「親学」を実践しているA市であった。もちろんミスターの意向である。まるで戦前の修身みたいな話しを聞かされ、うんざりして帰ってきた。

当然ながら、ミスターは意気軒昂で、部長を見ると「いやあ、視察はよかったよ!」と声をかけ、熱心に話しこむ様子であった。それを見た私は「ヤバイ……」と感じた。

「大丈夫かな、子ども条例は……」

オンブズパーソンを作る会の人たちと話し合った。

「ヤバイんじゃない。親学派がつぶしにかかっているという噂よ」

「なにより、子どもの権利条約という文言が気に入らないらしい」

「子育ちという言葉もきらいらしい。子どもの意見表明権などとんでもないとか、子どものわがままを認めるかって」

「ミスターだけじゃないもんね、親学派」

「与党だしね」

心配になった私は、豊中市の幹部だった人と連絡を取って実情を探ってもらった。

「子ども未来部はやる気あんの？」

「条例案には自信を持ってがんばっているけれど、部長は三井さんと同じ立場に立たされているらしい」三井さんとは、ミスターによってクビにされた男女共同参画推進センターの元館長である。

「条例は骨抜きにされる危険があるの？」

「ある。与党に反対が根強いから。子ども未来部は市民の応援がなければ持ちこたえられないかも」

「選挙も当分ないし、どうやって応援するの？」

「パ・ブ・コ・メ」

ご存じだろうか。国から地方自治体に至るまで、法律・条例などへの市民の意見を直接聞く仕組み、パブリックコメント制度がある。我が市でももちろん実施しているが、さっぱり意見が集まらない。しかし、これも民主主義の仕組みの一つで、有効活用すべきものである。

子ども健やか育み条例を提案する前には、市民の意見を聞かなければいけない。市は審議会提案を素案としてパブリックコメントを募集する。

私は野党や与党の人権派の議員に呼びかけた。学習会を開き、審議会の案を説明し「子どもの権利を守るための子ども条例の実現を」と訴えて回った。知っている限りの市民グループと話をした。メールやホームページも活用した。もちろん、「オンブズパーソンを作る会」の人々は、精力的に友人知人に訴えかけた。夏の盛りで私たちは汗だくになったが、手ごたえは大きかった。

当時、いじめ問題は大きく取り上げられていた。虐待問題も報道され始めた頃である。多くの人々が子どもを守ることは大事だと共感した。子ども自身が相談できる窓口も必要だし、「この条例案はいいじゃないの！」、「声を上げよう！」という意見が聞かれた。

その結果、200件以上のパブリックコメントが集まった。この数字は豊中市のコメント史上最高であったという。

これは大いに子ども未来部を勇気づけたようである。心なしか部長の顔もふっくらしてきたようだ。よおし、野党議員も応援してるんだって見せなきゃ！

9月の文教常任委員会

常任委員会はいつもの通り静かに始まった。私の発言は2番目。先手を打たなきゃ！

よーいドン。

「我が国の児童に関わる法制度の基本は児童福祉法でございます。けれども、児童福祉法というのは終戦直後の保護者を失った児童の救済、絶対的貧困に苦しむ子どもと保護者の救済、つまり食べさせて、着させて、住まいを確保するという点から出発しております。たびたび改正に努めていますが、現在の子どもをめぐる状況に十分対応していない面がございます。これは我が国だけのことではなく、国際的な傾向でもあります。

そこで、1989年こどもの権利条約が成立しました。これには4つの柱がございます。生きる権利、守られる権利、育つ権利、参加する権利、この4つを子どもの権利の柱として掲げて、子どもは個人として尊重されるべき存在で、大人の所有物のような扱いをせず、独立した個人として守り育てなさいということが書いてございます」と始めた。さらに子育ち子育て支援、女性が働きやすい環境整備、保育所増設、虐待問題、子どもの貧困と話しを広げ、児童福祉法の役割も強調しつつ、子どもを社会全体で健やかに育てるために子どもの権利条約の具体化をしなければならない。それが子どもも健やかはぐくみ条例の制定だと説く。

「児童福祉法と子どもの権利の尊重という新しい視点が相まってこそ0歳から18歳までの子どもの育ちを保障することができる。私たちはしっぱりこのことを肝に銘じておかなければならない。何遍もそのことをかみしめて施策を進めていっていただきたい」

と締めた。

常任委員会での質問時間80分、そのほとんどを使って質問の形を借りた演説である。少々熱を入れすぎたようだ。ああしんど！　どさっと腰を下ろした。

「おもしろかった！」隣の委員がささやいた。わかってくれたんだなあ。委員長（ミスター）はどう聞いたのだろうか。その後、審議はすらすらと進んだ。

子どもの権利の尊重を理念とする「子ども健やかはぐくみ条例」は順調に走り始め、年度末成立し、2013年に発効した。

子ども総合相談窓口も教育委員会との難しい関係があったが、子ども未来部ががんばって新設した。現在は24時間対応で多くの相談が寄せられている。パブリックコメント数の記録は今も破られていない。

知らんでゆうな、生活保護論争

2012年、週刊誌『女性セブン』が「推定年収5000万円」との見出しで、人気お笑い芸人の母親が生活保護を受給していると匿名報道したことを皮切りに、自民党の片山さつき・世耕弘成議員をはじめ「生活保護に関するプロジェクトチーム」のメンバーたちが実名をあげて、不正受給の疑いがあると非難した。ここから猛烈な生活保護バッシングが起こった。年を超えてもバッシングが収まる気配がない。

ご多分に漏れず、豊中市でも保守系議員から生活保護受給者に対する攻撃が激化した。しかもそのほとんどは、制度の実態を知らない言いがかりに近いものだった。これは見過ごせない。

9月本会議の一般質問に向け、私は周到な用意をした。福祉事務所にどっさり資料を出させ、生活保護関係の論文にあたり、本も3冊ばかり読んだ。そのうえ、大学院の担当教授が生活保護法の専門なので再度レクチャーまで受けた。これで理論武装はバッチリである。

本会議の質問はあらかじめ質問通告をする。その通告内容は公開されているから関心ある人は「熊野さんどんなこと言うんやろ?」と、期待してくれてるかも。いざ、本番開始!

「みんな年金を貰うてるはずや」まずこの偏見に立ち向かう。

多数の無年金者と超低額の国民年金の実態を質問で明らかにする。1960年代に自営業者対象に作られた国民年金の制度自体が持つ限界をつく。

また、「生活保護は怠け者を甘やかしているだけ」という根強い考えがある。生活保護制度の役割を知らない議員もいるのが実情である。

「その他世代と呼ばれる40代、50代はリストラの嵐が吹き荒れた世代。なんの支援もなく、滑り台状態で生活保護に移行し、1996年は受給率0・71%だったものが現在1・65%まで上昇していると明らかにしたうえで、生活保護制度の持つビルトインスタビライザー機能の説明をひとくさりした。

ビルトインスタビライザー機能とは、不況になると賃下げや失業が増える⬇消費が落ち込む⬇不況がひどくなり放置すれば恐慌になる。しかし、失業保険や生活保護の給付を行なうと、そのお金で失業者や困窮者が物を買うようになる⬇消費が増える⬇景気回復につながる。という仕組みである。

こんな基礎知識さえ、わかっていないのかねえ……。

「保護費の4分の1を市が負担している。これが市の予算を圧迫している！」と、妄論を吐く議員もいる。

ガツンとやってやろう！　財務部への質問という形で、

「市の負担部分については一定の計算式に基づき、国から支給される地方交付税に含まれている」という仕組みを説明し、「ややこしい仕組みをやめて、直接国が全額出すようにして」という趣旨の要望を豊中市が出していることも教える。

「えっ、そんなこと知らなかった……」というつぶやきがあった。知らんでゆうな！

生活保護基準引き下げを政府はもくろんでいる。保護基準を切り下げれば、保護は受けていないが、生活保護水準より苦しい暮らしをしている人々を支えている様々な公的減免の基準が下がり、減免を受けられない人が出てきて、さらに苦しい状況に追いやられると詳しく説明した。

維新の会などは、生活保護の有期化やフードスタンプ制度の提案をしている。知らんのかいな！　現物支給でファーストフードばかり食べさせられ、どんどん太っていくアメリカの生活困窮者の実態。肥満は貧困の象徴とまで言われている。そのうえ、「フードスタンプ＝現物支給となれば、受給者が地元の商店で買い物をするということがなくなり、地域経済にはマイナスだ」と詰める。

１９９６年、アメリカの生活保護制度の改悪が大失敗だったことに触れ、政治が取り組むべきことは、わずか2割という生活保護の捕捉率の低さの解消、自立支援、子どもたちの貧困の連鎖の解決だと続ける。ほとんど生活保護制度の講義になってきた。市議会で保護制度の仕組みさえ知らずに保護削減を叫ぶ議員さんたち。よく聞いてちょうだい！

「本市が行なっている寄り添い型の就労支援や生活再建ネットワークは、こういう仕組み作りのなかに位置づけられるべきもの」で、後に豊中モデルと呼ばれるようになる我が市の就労支援事業の取り組みを高く評価して継続を要望した。さらに続ける。

「真に必要な施策は年金制度の改革・最低賃金の引き上げ、失業から生活保護の期間のセーフティネットの構築、貧困世帯への支援の仕組みと保護世帯への自立支援の仕組みである」

「しかし、政府は真の意味の改革に着手せず、小手先の抑制策に走り、アメリカの後を追おうとしています。日々困難を考える人々と接している基礎自治体と……」と、熱を込めて走る走る。しかし、ここまできて「ブブー」。

議長が「発言を中止してください！」。

ああ、やっちゃった……。しかし、へこたれないぞ！　最後の一息。

「そこに身を置く私たちは、今こそ積極的に発信し、本質的な解決に向けた提言をなすべきです」

と、質問を終えた。

何事もやりすぎはよくない。しかし、本質的な議論も必要ではないか。

「でもね、議事録から抹殺されたらおしまいですよ」と、同僚議員のコメントである。

お説ごもっとも！　しかし、議事録を見たら、肝心な部分はきちんと掲っていた。

ずっと後のことだが、福祉部の職員がささやいた。

「あの質問で生活保護の仕組みへの理解が進みましたよ」

つい熱を入れすぎ、タイムオーバーという失敗はこの後も2回ほどやってしまった。トホホ……。

その後、豊中では、めちゃくちゃなバッシングは影を潜めたが、２０１３年末から政府は生活保護受給者の扶助費の切り下げを進めてきている。

こんな議員に給料やれるか！

前述したように、本会議の質問は三問形式であった。２０１２年12月の私の質問は計30個にのぼったが、すべて高齢者福祉の部門であったので、答弁者は福祉部長１人で、聞いていてもわかりやすかった（と思う）。しかし、各部にまたがる質問をすると大変である。

様々な質問を一問でまとめてする。各部の部長が立って次々と答弁する。二問目は反問や追及をまとめてやる。また各部の部長の答弁。三問目は要望で言いたいことを言う。こういう流れである。傍聴しているとややこしくて少なわない。そこで次の年から一問一答形式になり聞きやすくなった。

ただし3月議会だけは三問式のままだった。3月議会は次年度の予算審議である。会派の代表質問が所属議員数×10分＋40分の長丁場（ただし無所属議員は個人質問10分だけ）である。

会派の代表質問の第一問は何十個もある。それをいっぺんにして、答弁は入れ替わり立ち替わり、部長の返答のオンパレード。聞いている方はごちゃごちゃになること請け合いである。どうしてこれも一問一答式にしないのか。しかし、この期でもルールは変わらなかった。議会改革は時間がかかる……。

２０１３年の3月議会代表質問で珍しい事態が起こった。

ある与党大会派の質問。第一問、市の施策の復唱、これが長い。2問目、市の答弁への反問や追及はなし。3問目、「がんばってください」的なエールを送っておしまい。聞いていると市の施策項目の羅列で眠たい。眠気をこらえるのに悪戦苦闘していると、突然傍聴席から大声が響いた。

「なんだ！　これで質問しているつもりか！　こんな議員に給料払えるか！」と、年配の男性が怒っている。

「しっかり質問しろ！」傍聴席では静かにしなさいと規則にあるが、議長も注意できない勢いである。
男性は席を蹴って出ていった。私は内心拍手した、そうだ。そうだ。
その後、この会派は必ず第二問を多くするようになった。
ちなみに、現在は3月議会代表質問もやや変則的ではあるが、一門一答形式になった。
こんな簡単なことを改革するのに何年もかかるなんて議会はつくづく不思議の国だ。

3. 平和主義の危機

市長と平和論争

私の1人会派の名称は「9と25」。9条の平和主義と25条の社会保障の条文からとったものである。市議会では、平和教育や非核平和宣言都市としての平和事業の取り組みについて質問してきた。市長は自民・公明・民主系の議員から支持されているので、施政方針では、平和主義を含む憲法の3原則に必ず言及していた。

２０１３年7月21日、第23回参議院議員通常選挙で、政権与党の自民・公明両党が合わせて半数を超える議席を獲得した。憲法改正に執念を燃やす安倍内閣はフリーハンドを得た。

政権与党の力は絶大である。豊中市の平和事業も揺らぐのではないか。危機感を持った私は、２０１４年3月議会で新年度の平和事業の予算案について質問し、平和主義について市長の根本姿勢を問うことにした。いわゆる市長答弁を求めたのである。ところが、市長は答弁しない、部長が答弁するという。

「おかしいじゃないの、私は市長答弁を求めてるのよ」

「ですから、部長が豊中市の姿勢を答弁いたしますので」

「昨日も、おとといも市長は答弁に立ったじゃないの！　なんで私の質問には答えられないの！」と、私は机を叩いて迫った。

無所属の質問は最終日と決まっているので、初日、二日目の質問は終わっている。市長は各会派の質問に答弁に立っていた。

「納得できない」

後にわかったことだが、市長は3月議会について各会派の代表質問にだけ答え、4人の無所属議員の質問には部長に答えさせるという方針だったそうだ。そんなことはどこの規則にも先例集にも載っていないし、こちらの知ったことじゃない。事前折衝は物別れ。あくまで部長答弁。

さて翌日、本会議一般質問。最後に市長の姿勢を問う事に決めた！

「1歳の時、福岡大空襲に遭いました。家の周りは火の海、もう少しで焼き殺されるところでした。母が私をおぶって火の中を必死で逃げ延びたので、今生きているわけです。

あの日、多くの命が失われたことを母は繰り返し語っています。また、日本軍の捕虜に対して行なわれた人体実験に巻き込まれ、戦後、死刑判決を受けた身内がおりました。日本軍がどんなにひどいことをしたかは幼い時から聞いています。街に出れば焼け跡がいたるところにあり、駅には傷痍軍人が立っている。ラジオからは毎日毎日、離れ離れになった家族や友人を探す尋ね人の放送が流れてきました。敗戦による食糧難は続き、私は白いお米のご飯を銀シャリと呼んで憧れていました。こういう環境で育てば、自然に平和の大切さというものは身にしみ込んできます」

周囲は黙って聞いている。

「今、街には戦争の痕跡さえありません。若い人には平和の実感がありません。平和は空気みたいなもの。失って初めて値打ちがわかる。しかし、失われてからでは遅いのです。常に平和の大切さを啓発し続けなければなりません。そして、その役割は市民の命と未来を守るべき市の責務であると考えます。憲法・平和の取組みが効果的に行なわれるかどうかは市長の姿勢にかかっています」

さらに、続ける。

「市長は常々、豊中の子どもたちに輝く未来をとおっしゃっています。69年前、戦争で殺された子どもたちには、私と同じ年の子どもたちには未来はありませんでした。平和を守る思いを持ち続けることが、失われた幼い命へのせめてもの手向けだと思います。平和教育の世界に長くおられた市長の平和への思いをぜひ直接お聞かせください」と、強く迫った。

人権文化部長が答弁に立とうとしたところ、突然、最前列から「議長！」、市長が立った。「基本的な考え方のちがいがございまして、啓発をするとか、また学ぶということにおいては大事だというように思っておりますが」と始めた。

「平和教育をしたからそれで事足りるということではない」と、用意された答弁ではないので、繰り返しながら報道された豊中市立中学校の国際交流の取り組みを詳しく述べ、「文化のちがい、生活のちがいというものを子どもたちが学びながら、相手の思いを尊重していく。基本的な姿勢としてやはり対話をする、共生をする、そういった思想がこれからの紛争をなくしていく」さらに、

「議論をしっかりしなければならないと思っておりますが、相手に意見を押しつけるというのは、あまりよくないというように思っております」と結んだ。

熱弁だった。かつて、市長選挙を闘った相手の切り込みに応じたというところか。考

え方はちがうが、ここはきちんと締めなければ。用意した原稿はやめてアドリブでいこう。

「議長！」私は登壇した。

「人の心を動かすのは、自分がどういう思いを持っているかということ。日本は被爆体験を持っている唯一の国。私も市長さんも戦争の時代に、あるいは戦争直後に生まれた人間です。戦争の悲惨さはよくよくわかっている。それを心に持って相手と対話することによって、こちらの思いが伝わっていく」と「押しつけはよくない」という言葉に反論した。

平和事業の推進を強く要望し「最後に300万人とも言われる犠牲の上に日本は国民主権、平和主義、基本的人権保障の憲法を手に入れたことを忘れてはいけないと思います。69年間戦争をしていない、戦争で1人も人を殺していない、そういう国だということを大切に持っていきたいというように思います」

この議論から間もなく、安倍政権は決定的な一歩を踏み出す。

市民請願、豊中市からできること

２０１４年7月1日、内部から長官を出すという慣例に背いて、内閣法制局長官に息のかかった人物を送り込んだ与党。「集団的自衛権の行使は憲法上許されない」という法制局見解を１８０度回転させた政府は、いよいよ集団的自衛権容認の閣議決定を行ない、関連法案の提出に乗り出した。

「どう考えても無茶よ！　国民の意見も聞かず、ずっと違憲だと言ってきたことをひっくり返すなんて」

九条の会・いちばん星の会合での議論である。

「それで、アメリカ軍のお手伝いをする法律を強引に作ってしまう」

「憲法を壊していっている」

「なんとかできないの？　私たち」

「吹田市じゃ、市民が議会に対して請願書出したらしいわよ」と、前市議の保子さんからの情報である。

「なによ、それ？」

「集団的自衛権の容認については、慎重に審議してほしいという意見書を市議会が国に対して出してくれという請願」

「そんなことできるの？」

「市民の請願権は憲法で認められた権利よ。市議会にはいろんな請願が出てくるわよ」

「請願も結構力を発揮するわ。議場の国旗掲揚のことなんか全会一致原則の幹事長会議で意見がまとまらず、市民から請願が出て採決に持ち込まれて実現しちゃった。私は賛成じゃなかったけどね」

「でも、それは豊中市だけのことじゃないの。私も保育所関係の請願なら加わったことある。国政のことでもいいの？」

「市議会は国に意見書を出すことができるの。いろんな意見書出してるわよ」

「たくさんの市から意見書が出てくれば、政府も慎重にならざるを得ない？」

「それが狙いやね」

「やりましょう！」

九条の会・豊中いちばん星の賛同者は２００名を超えるが、中心になっているのは10名たらずの女性である。10年も一緒にやっており、意思統一も早ければ行動も迅速である。

市内には十数の九条の会があり、ネットワークを作っている。そこに提案して賛同を得る。ただちに意見書の文案を作りあげた。さあ提出だ。

「気をつけないといけないのは正式に請願にすること。要望書だと幹事長会議で全会一致でないと没になるから」

「請願は？」

「請願は議題だから、まず常任委員会にかかる。これは平和に関することだから総務常任員会。そこで可決されたら国に意見書を出すことになる」

「否決されたら？」

「本会議で全員の賛否をとる」

「2度採決するわけね」

「ロビー活動しなくちゃね」と、請願の経験があるメンバーが言う。

「ほかのグループにも声かけてしましょう」と、即行動に移る。

市内の九条の会など16団体は、議会に「立憲主義に反する集団的自衛権の行使容認について慎重審議を求める意見書提出に関する請願」を提出した。電話やメールで呼びかけ、各グループのメンバーが集結して熱心なロビー活動を行なった。

ロビー活動が盛んだと議員同士の議論も活発になってくる。「新政とよなか」では激論が交わされた。この会派は民主党系の議員と保守的な立場の市民派議員で構成されているため、意見は真っ向からぶつかった。わたしも議論に参加した。

「熊野さんは個別的自衛権を否定するんですか」

これにはいささか驚いた。集団的自衛権と個別的自衛権をごちゃごちゃにしているのではないかとさえ感じた。

「そんなことしませんよ。個別的自衛権は国家が当然持っているものじゃないですか。集団的自衛権は軍事同盟。レベルのちがう話でしょう」

若者会派である「未来とよなか」でも熱心な議論がされたという。いずれも与党会派である。

請願者グループが、全会派を回ってロビー活動の結果を話し合ってみると、共産党、市民クラブは請願賛成、未来とよなかもよい感触、新政とよなかは今回党議拘束をかけないらしい。明確に反対は自民、公明と無所属のウーさん。賛否半々である。可決の可能性は多いにある。

珍しく騒然とした雰囲気のなか、総務常任委員会が8月6日に開かれた。

請願には紹介議員の欄があって、もちろん私も木村議員も共産党議員団もサインをしている。請願者自身が委員会で説明をする市も増えていると聞くが、豊中市では依然として紹介議員が請願書の説明をする。私はこの年は総務常任委員会所属なので、討論採決をする側である。説明は木村議員がした。丁寧な意を尽くした説明の後、質問・意見、討論・採決と続いた。採決は可否同数。委員長は自民党なので否決した。本会議は２日後である。

いよいよ当日。議案の審議が行なわれた後に請願の採決である。

傍聴席は超満員、いつになく熱気のなかで、まず公明党が採択反対の討論を行なった。例によって短い。

次に共産党。政府の憲法解釈の変更を批判し、新聞報道を引いて国民の多くが説明不十分としている、慎重な審議が必要だと簡潔に述べた。拍手が起こる。

次いで、若い自民党議員が国際情勢の変化で解釈変更は当然であり、立憲主義には反していない、内閣において十分審議を尽くしていると述べると、傍聴席から痛烈なヤジが飛んだ。

「平和国家としての歩みは、これからも決して変わることはなく、その歩みをさらに力強いものとするための決断が今回の閣議決定であると我が会派は認識しております」

ここでまた猛烈なヤジ。議長はたびたび静粛にと告げる。

未来とよなかの若い議員が立つと、なにを言うのだろうとかたずをのむ雰囲気である。「会派内で議論を行ないました。その結果、若干の意見のちがいは確かにございましたが、すべての国民に影響を及ぼすであろう集団的自衛権の行使について容認であれ、反対であれ、慎重かつ丁寧な議論は必要不可欠なものであるという認識で一致いたしました」。拍手が起こる。

次はやはり若い松田議員。「請願についてこれだけ多くの議員が発言するのは珍しいことである。請願の趣旨は賛同できる。集団的自衛権の議論の大切さを説き、議員も自ら意見を国に出すべきである」と述べたところでは拍手が起こったが、「最高裁の違憲立法審査権に期待する。請願の文言は強行採決に反対するというものであってほしかったので採択には反対であると言う」。えーっ、よくわからない。大きなため息。

その次が私である。昨夜遅くまでかけて仕上げた原稿を持って壇上に上がった。議会の決まりで討論には時間制限がない。丁寧に語り始めた。

憲法の定義から始め、法の支配の原則を説き、閣議決定の問題点を挙げる。そして「集団的自衛権は自国が攻撃されていなくても、密接な関係にある他国が攻撃された場合に他国の軍隊とともに反撃する、戦争をするという宣言であり、政府が言うような国民を守るためのやむえない行動ではない」と詳しく説明した。さらに、「国民の60％が集団的自衛権の行使容認に反対していますが、それを顧みることなく強引にことを進めてきましたし、これからも進めようとしています。私たちはこうした動きに対して黙って従っていいのでしょうか。内閣がまちがった道を歩もうとする時、これを止めるのは議会の役目です。中央が暴走する時、これを止めるのは地方自治体の役割です」と強調した。

「この請願は、69年間守られてきた平和をこれからも守り続け、万が一にも他国で戦争をすることがないようにと願う市民の声です。非核平和都市宣言をしている市の議員として声を上げるべき時だと私は強く思います」と結んだ。

長い演説だった。20分ぐらいかかったろう。議場・傍聴席ともに静まり返っている。小休止すると拍手が起こる。最後はひときわ大きな拍手。あれほど精魂込めて話したことはなかったと今でも思う。

最後に木村議員は私の討論を評価した後、軽妙な大阪弁で語りかけた。

「大多数の市民、国民はそんなふうに思ってないわけやから、そういう状況のなかで慎重審議を求める意見書を出す。これぐらいはやっぱり豊中市議会が、私は自分のニュースなんかでは議論なき儀式の場だなんて書いてますけれども、そうでなくて、本当に議論の場、言論の場であるならば、せめていくらなんでもこれぐらいの請願は採択して国会に提出しましょうよ」と締めた。またまた拍手と共感の声。

どよめきのなかで「賛成の議員の起立を求めます！」

傍聴席は総立ちになって各議員の賛否を確認しようとする。

民主党系の議員と未来とよなか、共産党無所属合わせて17名。あと1名およばなかった。

施策を改善させるには

行政を動かすのには時間と労力がいる。初年度から取り組んだ「緊急通報装置」の改善の話しをしよう。

豊中市は高齢化とともに高齢者のみの世帯が急増する市である。高齢世帯にとって最も心配なのはもしもの時である。24時間ＳＯＳを受け止める仕組みが必須である。それに応えるのが緊急通報装置である。電話をかければ救急車が駆けつけてくれる。24時間サービス。

1年目の決算案で調べてみると800件に満たないうえに増えていない、減っている。

「どうして減っているの？」

「はあ……、お亡くなりになったりしますので」と、のんびりした返事。

「なぜ増えないのか考えたことあるの？　この要件が原因ですよ。まず、1人暮らしでないとだめ。高齢者夫婦世帯だって心配な状況は同じよ。そのうえ、2人以上のカギ預かり人が必要である」

駆けつけても。カギがないと入れませんとなれば、そりゃ当たり前だろう。

実は私は義母の遠距離介護をした時、近所にカギの預かりをお願いして断られた経験があった。他人の家のカギを預かることは大きな心理的負担である。気楽に留守にできないと言われた。

「ですから2人必要です」

「あのねえ、1人でも探すの大変なのに、2人なんし見つかるわけないでしょう！」

そこで他市を調べてみた。

大阪市、箕面市、吹田市、仙台市。別に出かける必要はない。市議会議員と名乗って担当課に電話すれば詳しく教えてくれるし、資料を送ってくれる。これをよく読み、環境福祉常任委員会本会議で追及する。市は他市との比較には弱いはずだ。

まず、数を聞く⬇なぜ増えていないか、高齢化・隣づきあいの減少。自治会組織率の低さなどから協力員を見つける体制が困難⬇「民生委員の協力を仰いでいる」（市側の回答）⬇大阪市では協力員が見つからない時は市が相談に乗る。吹田市、箕面市などは業者委託。仙台市は二本立てと他市の例を挙げて迫る⬇「研究する」（市側の回答）⬇箕面市の利用は豊中市の2倍、吹田市は3倍と迫る⬇「制度の充実に努める」（市側の回答）やっと改善へ動き出す。実際に改善され、高齢者のみ世帯も含み、協力員が見つからない場合は業者に委託できることになったのは2年後の2014年6月。しかし、800人を超えただけ、吹田は3000人に近づいている。いまいち、利用者が増えないのはNTT回線に限っているからではないか。うちはNTTではないのでだめだったという声を聴いている⬇「回線の要件緩和は検討進める」（市側の回答）。

結局完全に改善されるまで3年かかった。ああ、しんどい……。

現在、緊急通報装置は重要施策として1500件設置を目指している。

私は4年間のまとめとして、こんなことを議会通信に書いている。
○数字にものを言わせる。市が実施した調査の数字、事業の利用者数など詳細に調査する。
○他市との比較をする。特に似たような規模の近隣市の先進事例は効く。行政は上見て、下見て、右見て、左を見て施策立案するからである。
○実情を突きつける。現場の職員は顔には出さないが、市民の切実な声に反応する。それをどう施策に結びつけるかが重要である。
○縦割りを揺さぶることも大事である。サービスつき高齢者向け住宅への立ち入り検査について、健康福祉部と都市計画部の両方を呼んで協力を迫った事例を挙げている。
○市民との協同が大切である。
○批判ばかりではなく、よい取り組みは評価する。豊中モデルと呼ばれる無料職業紹介所、多重債務相談なども行なうくらし館の取り組み、子ども条例などは大いに後押ししている。

こうして4年間はあっという間に過ぎた。

熊野いその
議会奮闘記
全力でがんばってきた４年間をまとめてみました

議会はびっくり箱の巻

「女性はどこに？」
議席の女性議員は6人
市役所側女性職員はたった一人

「5月議会って形だけ！」
質問するぞと張り切ってのぞむも、役員選挙だけで打ち切り。前例なんですって！
４月から8月まで開店休業なん？

「三問方式ってなーに？」
本会議一般質問、3問形式で第一問目きいて役所が答え、第二問目で突っ込んで役所が答えて、もっと突っ込みたいのに第三問は要望でお終い。質問時間10分（議員が喋っている時間だけ）。大きなデジタル時計と手元時計に分秒が刻まれていく、オーバーしたら「退席！」物凄いプレッシャー。質問するたびに「14番熊野いそ」と叫ぶ変な習慣にもびっくり

「質問したくないという会派が多数？」
一般質問ぎょうさんしたから、次の議会は一般質問やめようなんて提案する会派が多数派？質問を役所に作ってもらう議員もいるという噂も・・・
ちゃんと議論をする議会にしなくちゃ！

議会用語解説

前例＝昔からやってること。**但し野党会派に有利な前例は破られる。副議長は第2会派からという前例があるのに現在の第2会派は野党会派なので選ばれない。**

絶対必要でしょ！議会改革の巻

三問方式から一問一答に
2012年度から一問一答になって、どしどし突っ込めるようになり、番号絶叫も事実上なくなりました。但し3月議会の質問だけは三問方式。熊野は機関銃のごとく喋り捲り10分で400字詰め原稿用紙８枚分は軽い！

会派『議会改革』のショック療法
開店休業に批判続出、2年目はさすがに議会運営委員会（委員は会派だけ）で実質審議するかどうか討議・採決することに。しかし可否同数→委員長採決で**開店休業継続！がっくり**→何とかしなくちゃ→無所属議員で会派作って議運で1票いれればいい→**新会派『議会改革』結成＝5月議会の正常化が唯一の目的**。とりあえず熊野が幹事長になり出発→政策違う3人が組んだと大衝撃→すったもんだの末、1年かけて**5月議会の正常化に成功**。名前も6月議会と変更、しっかり審議をすることになりました。目的達して『議会改革』はめでたく解散。
他にも改革すべきことはどっさり！乞うご期待。
次期もがんばる熊！

今年度は6月、7月、9月、12月、3月に本会議

質問は議員の命の巻

本会議は年5回、一般質問と議案の討論採決。常任委員会は本会議で付託された議案についての質問（質疑含め８０分）と討論採決。事前の準備が大切、調査や視察、市役所との折衝に膨大な時間をかけます。議場での質疑討論はその完成版。

質問の答え方パターン
「ご提案については研究します」＝研究するだけ、やる気なし（Ｄ回答）、**「検討します」**＝一応考えるということ（Ｃ回答）但し真面目に考えたかどうかフォロー…が必要 **「前向きに検討します」**＝やる気はあるということ（Ｂ回答）もうひと押ししなきゃ！
「〜します」＝ほんとにやるということ（Ａ回答）

A回答を目指せ！

数字がものをいう！

2011年度議会 豊中の特別養護老人ホームの半分は月20万円料金がかかると指摘→議員もびっくり。
→ 「これから立つ特養には指導します」

2012年度議会 高齢者の介護保険料は定額制5056円、段階制で所得によって違う。計算してみると、所得80万円の人の負担率3.792％、244万円の人2.797％ 600万円以上1.896％「高所得者はどんどん軽くなる。絶対おかしい。応分の負担を！」
→ 「もっともです」→６期は考慮

2013年度議会、豊中の要支援者の4分の１は認知症始まり、11.1％は認知症！→えっと驚き
→ 「適切なケアをします」

2014年度議会 介護者の年代は70代が最多、老老介護の極み→介護者支援を！
数字を突き付け施策を促すことが大切

他市事例は効く
★緊急通報装置の普及状況2012年度40万都市豊中700そこそこ、１３万都市箕面500この差はなんだ！→条件ありすぎで普及しない→条件改善を！**毎年一つずつ改善させて只今利用拡大中。**

実情を突き付ける
★2013年度12月議会 サービス付き高齢者向け住宅問題・・・健康福祉部が立ち入り検査できず、劣悪なサービスが横行している！質問準備中に、堺市が法律を上手に使って立ち入りしたと新聞報道⇒即、堺市の課長に直撃インタビュー。酷い実態をきいて質問。
早く立ち入り監査しなさい！ 「します」

縦割りを揺さぶる
★サービスは健康福祉部、住宅は都市計画部。**両方同席で質問つめつめ。目標＊二つの課で協力してやりますといわせる**・・・やったね！いわせちゃった。

2014年度7月議会答弁**「苦情相談窓口明示させる。毎年介護サービス提供状況報告。居室の立ち入りもありうる」**
・・・継続は力なり

市民と共同
介護者や高齢福祉、子どもの権利を守る、平和、国際交流、男女共同参画、歴史と文化を守るなどの市民グループの皆さんと一緒に活動しています。市民の声を市政に反映させるのが議員の仕事

よい取り組みは評価します
雇用労働課（くらしかん）の働く人々、生活苦の人々を守る取り組み、すてっぷの女性の就業支援や防災の取り組み、福祉サービス苦情調査委員会の活動など応援。

常任委員会で奮闘の巻

１年目環境福祉常任委員会 介護保険、福祉、生活保護＝専門知識と体験を活かして奮闘

２年目文教常任委員会「子ども健やか育み条例」で大演説！こども審議会やこども未来部がよい条例作ろうと頑張っているのに与党議員の中に子どもの権利への無理解から反対の声が高く、条例制定は風前の灯。そこで大演説。「そもそも子どもは健やかに育つ権利を持っている。その権利を守るのが大人の責任。」子どもの虐待、5人に１人の子どもが貧困に苦しむ現状を説き「実効ある子ども条例を作れ！」（議会だけでなくあちこちで説いて回りました。）

結局市民から史上最多２５０件もの意見が集まり無事条例制定。
今後は実効ある施策を！

3.4年目 総務常任委員会 労働政策は社会保障と連携が大切。女性の視点を防災に。男女共同参画は自分史そのもの。人権政策では自由権、生存権、子どもの権利を重視せよ。非常勤職員の待遇改善と只今奮闘中。

実際の議員通信

２０１４年の晩秋から選挙の準備を始めた。今回は洋さんが体調を壊したので参謀はなし。新しいパンフレットを片手に支持者を訪ねて、立候補の意思を伝えるために「応援よろしく」と言って回る。支持者名簿には２０００人以上の氏名が載っている。これが議員の命綱。反応を見て名簿に◎（家族や友人も支持）○（本人が支持）△×と印を打つ。せっせ、せっせと回る。◎が５００ほどになったところでもういいか……、い

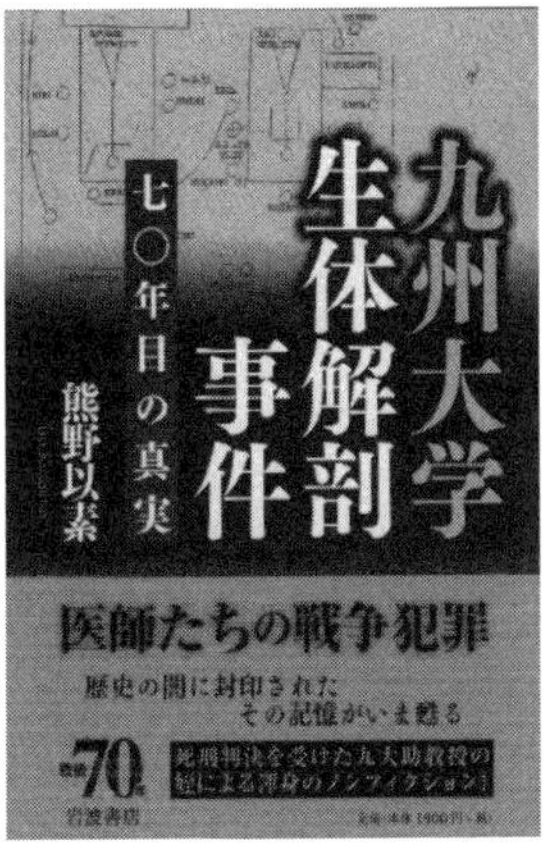

平和への原点でもある『九州大学生体解剖事件』。現在４刷のロングセラー

やいや油断禁物、気を取り直して北風のなかを回りきろうと歩く。70歳にはきついねぇ。

ところが、この時期にかねて岩波書店から出版予定だった『九州大学生体解剖事件』の校正の時期が重なってきた。校正作業は夫が引き受けてくれたが、疲れて家に帰るとその確認をしなければならず。暮れも正月も吹っ飛んだ。

後援会長の保子さんは名簿の更新、推薦はがきの手配をはじめ、面倒な事務を一切しきる。夫は2期目に挑戦したいと私から告げられた時、「こんな時代に平和派の議員は必要だ」と、3回目の会計責任者に就任した。

春が近づくと集会を開き、推薦はがきを書いてもらい、街頭にも立つ。告示前に大体の感触がつかめるが選挙は水物、告示後はひたすら車に乗って演説して回った。無事に当選。ちなみに本も出版され万歳。『九州大学生体解剖事件七〇年目の真実』は、私の平和への思いの原点となる著作である。

第4章

2期目の疾走

1. 民主主義をこの手に

2015年の夏

2015年の市議会選挙で初めて維新の会が4人当選した。自民党7人、公明9人、無所属の会（前期の新政とよなか、未来とよなかの合流）5人、共産党6人、市民クラブ3人、無所属2人の構成になった。私にとっては2期目である。

全国的に安保法制反対の運動が急速に広まっていた。安保法制とは、前述した集団的自衛権を認めることを含め、自衛隊の活動範囲や使用できる武器を拡大する、有事の際に自衛隊を派遣するまでの国会議論の時間を短縮する、在外邦人救出や米艦防護を可能にする、武器使用基準の緩和などがあげられる。いずれも与党を中心に推進しているものだ。

安保法制反対の中心になったのは、様々な戦争法反対のグループが共同して結成した「戦争させない・9条壊すな！　総がかり行動実行委員会」である。

「5月以降、安倍政権の暴走を許さず、平和と命と人権を確立するため、国会の内外で総力を挙げて、大規模で、持続的かつ多様な行動を展開する決意を表明するとともに、全国各地の皆さんが津々浦々で総がかりの行動を起こし、力を合わせて大きな世論を作り出すために奮闘されるよう心から呼びかけます。今こそ、ともに声をあげましょう。行動を起こしましょう」とのアピールを4月末に出している。

6月4日、衆議院の憲法審査会で招致された参考人の3人が、安保法制は違憲であるとの見解を示したことが世論の分岐点になった。世論調査で8割近い人が、安保法制＝戦争法は違憲だと考える。15％の人がなんらかの行動を起こしたいとまで思うようになった。かつて自民党の大物と呼ばれた政治家のなかからも反対の声が次々と上がる。

総がかり実行委員会の呼びかけに応じ、大阪の街でも毎週のように集会が開かれ、戦争法反対の叫びが響きわたった。特に若者の「民主主義ってなんだ！」、「これだ！」というコールは新鮮で、梅田のヨドバシカメラ前は運動の聖地のようになった。

豊中市でも超党派の集会が開かれ、無所属市民派市議、民主党と社民党の市議、共産党の市議、系列のちがう労働組合、様々な市民運動のメンバーが参加して、戦争法に反対を訴えた。このなかから戦争法反対豊中市民アクションが生まれた。

しかし、安保法制をなんとしても成立させたい政権は、7月15日に衆院本会議を強行突破した。この事態に対して総がかり実行員会は8・30大集会を呼びかけ、学者、ママの会、若者のSEALDs（シールズ）、宗教者など多くの団体が賛同協力団体となった。これまでにも国会前行動は繰り返し行なわれていたが、この時は全国からの参加者が12万人を超えた。

（8月30日、国会議事堂前）

昼頃に地下鉄の駅を降りた時から人、人、人。学生らしい若者、女性、子ども連れから80歳代ぐらいまでの多様な参加者が議事堂前につめかける。「お宅はどこから?」、「大阪から新幹線で」、「私は名古屋。バスで」、「福岡から」。

最初は歩道に並ばされたが、たちまち車道にあふれる群衆。国会議事堂正門前の空間は警察が封鎖しているのだが、詰めかける人の圧力でバリアが崩れていく。雪崩のような人波に警察が後退していく。あっという間に正門前は参加者で埋まった。身動きもままならぬ過密状態だが、主催者の「押さないでください、1人のけが人も出さないように!」とのアナウンスが繰り返され混乱はまったく起こらない。

人、人、人があふれる国会議事堂前。現代の民主主義が集結

定刻2時に集会は始まった。司会者は若い女性である。民主・共産・社民・生活の党各党首のあいさつが続く。小沢一郎氏が登壇すると、「おーっ！」という声が沸き起こった。

4党首は手をつなぎ「戦争法案反対、安倍政権退陣」で共闘すると誓い合った。

　さらにシールズのメンバーによるみずみずしいアピール、坂本龍一さんのとつとつとしたスピーチが心に響いた。締めは若い司会者が「戦争法案絶対反対」のコールを呼びかける。12万人の声が雨もよいの空に響きわたった。

　私は高校1年生の時、60年安保闘争を見聞した。国会包囲の人数はその時のほうが多かったはずだが、学生と労働組合員がメインであった。まだ市民という分類そのものがなかった。この集会は、普通の市民の参加が圧倒的だった。そして完全な非暴力であった。

9月17日の国会前は大雨。集会は9時、11時、13時、15時、そして18時30分からの大集会と切れ目なく行なわれていた。

雨をついて人々が続々と集まってくる。集会のたびに野党議員が情勢報告。野党がんばれのコールが起こる。コールは議会内でもガンガン聞こえている。そのようななかでの委員会強行採決、採決とは言えない暴挙。怒りが湧きあがる。その時点では年配者が多かったが、18時30分からは若い人が駆けつける。学校帰りや勤め帰りの服装のまま。

(9月19日の強行採決)

佐高信さんや落合恵子さんなどのスピーチが始まった。憲法学の大御所、樋口陽一さんも駆けつけた。異色だったのは石田純一さん、「平和は文化だ」と強調。

そして若い女子大生、人前で話したことがあまりないと断っていたけれど、とてもすばらしいスピーチだった。戦後の歴史を振り返り、アメリカとの関係を鋭く指摘し、憲法と民主主義を守ろうという熱意のこもったもので感動を覚えた。後ろを振り返ると、若い学生たちの顔・顔・顔。思わず「あなたたちが希望です、がんばって」と声をかけた。さわやかに笑って、「ご一緒にがんばりましょう！」

集会は夜中まで続き、徹夜の包囲となる。そんななか、9月19日未明、参議院本会議で強行採決が行なわれたのだった。

この採決は、議事録に「議場騒然、聴取不能」としか書けなかったという。その瞬間、国会議事堂前では何万人もの人がどしゃ降りのなかで立ち尽くしていた。教壇で議会制民主主義を長年教えてきた私は、民主主義を破壊するに等しい暴挙に言葉もなく雨に打たれていた。

（9月25日、12万人集会を振り返る）

大阪の梅田、ヨドバシカメラ前。相変わらずたくさんの参加者。

若者のメッセージはみずみずしく、久しぶりに美しい日本語を聞いた。

「民主主義の種はまかれました、やがて大きな樹になります。今が始まり」

「平和主義の憲法を掲げた日本が、世界の世論をリードする日を夢見ます」

「草の根で運動を続けてこられた方々があったからこそ、戦争体験を語り続けてこられた方々があったからこそ、今の運動がある」

聖地となったヨドバシカメラ マルチメディア梅田。この熱気を次世代へ

「どんな困難があってもこれからも声を上げ続けます」

そして研究者、弁護士のアピール。

「やるべきことは、選挙で憲法違反の政権を退場させること」

民主党議員の国会報告、共産党の野党共闘の呼びかけに期せずして起こった、「野党は共闘！」のコール。大阪の夜空に繰り返し響き渡った。

あの若者たちは今どこにいるのだろう。就職したり家庭を持ったりして、日々の暮らしのなかに２０１５年の夏は遠くなったのか？

かつて安保世代、学園紛争世代の多くがそうであったように。しかし、半世紀の時を経て、彼らの多くが声を上げた。炎は消えたのではない、燠火《おきび》となっていたのだ。若い炎はいつの日か再び燃え上がると信じたい。

高齢世代だけではない、現役世代にも「声を上げた若者たち」に共感を持つ人々はいる。

2016年、大阪府下の市議会議員研修会の席でのことである。講師はラグビーの平尾誠二さん。

「シールズの若者の行動をどう思いますか」という質問に対して、

「若い人が外に出て、自分の意見をはっきりと言うことはよいことだと思います」と、きっぱりと言いきった。

2. 森友事件

パンドラの箱、開く

この期に、豊中市で起きた最大の事件は、言わずと知れた森友事件である。長くなるが、まずは経過を振り返ってみたい。

2016年、森友事件というパンドラの箱を開けたのは木村真議員であった。この年の正月休み、木村議員は豊中市野田町の防災公園わきを通りかかった。いつも気になっていた隣の空き地を見ると、フェンスが立っていて「学校法人森友学園　瑞穂の國記念小學院　児童募集」の横断幕、その横に極彩色のポスター。そして、なんと教育勅語が載っている。右翼のビラみたいだと驚いた木村議員は、森友学園を調べ始めた。これがすべての発端だった。

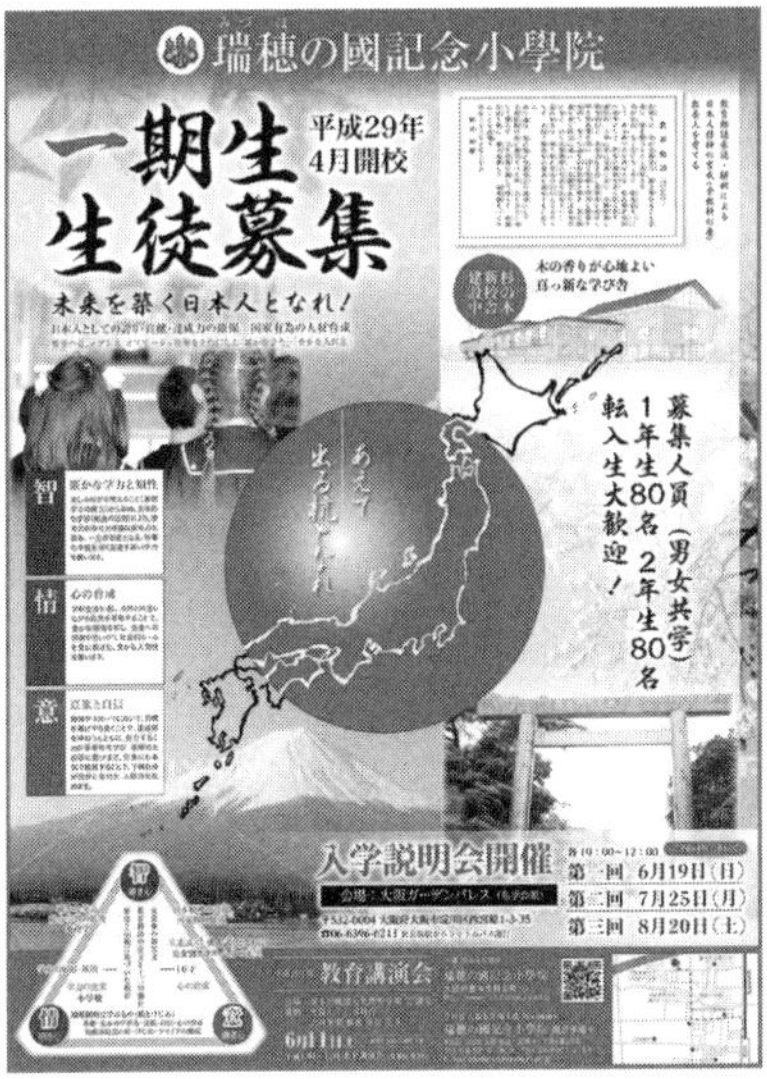

21 世紀の児童募集のポスターとはとても思えないデザインと内容

２０１６年５月、ムショ部屋で木村議員が話しかけてきた。

「熊野さん、野田町の防災公園知ってるでしょう。あの公園と道路挟んで同じぐらいの広さの空き地があったのを覚えていますか？」

「３年ほど前に防災公園の視察に行ったとき見たわ、なーんもない空き地だったわね」

「あの空地も含めて、全体が以前は国有地だったんです」

「40年ぐらい前、あそこは住宅密集地でした。航空騒音がひどくなって、国と市が協力して住民に立ち退いてもらって更地にしたんですよ。

その時、国は将来、土地全部を豊中市に無償貸与して公園にしたらよい、みたいなことを言っていたはずなんですが、2008年に突然、時価で買えと言ってきたんです」

「いくらで?」

「全部で30億円近い額でした」

「ふーん。私が市議になる前の話しよね」

「僕は市議になっていたからよく覚えています。半分でも14億円を超えているんだから」

「あの頃、市は財政危機だったたんじゃないの?」

「やっと危機を脱した2009年のことでした。9月議会で購入決定し、翌年半分だけを14億円余りで買い、残りはあきらめたんですよ。それでも大金なので国の補助金や交付金をかき集めてやっと払った」

「そういうことがあったので、あと半分の土地はどうなるんだろうって気になっていたんですが、この前に野田町に行った時、森友学園・瑞穂の國記念小學院児童募集というバリバリの右翼なポスターが貼ってあったんです」

「えっ?」

「それで、ネットで調べてみると、森友学園は塚本幼稚園(大阪市淀川区)を経営している学校法人でした」

「塚本幼稚園って、教育勅語を暗唱させるあの幼稚園？　海ゆかばとか、軍歌なんかも歌わせるって聞いてるわ」

塚本幼稚園は、大阪では知る人ぞ知る幼稚園である。

「幼稚園でせっかく教育勅語を暗唱させたのに、公立の小学校に入学すると忘れられるのが我慢できないとか言っているらしいですよ」

「忘れて当たり前じゃないの。教育勅語って、天皇のために死ねという命令よ。戦争に国民を駆り立てるために完全に利用されたんだから。だから国会の議決で廃止されたのよ。もう70年前よ」

「自前の学校作って、教育勅語もさらにたたきこむのが目的らしいです。ポスターに堂々と掲げてある」

「教育勅語復活なんて悪夢だわ……」

「なんで市には売らないで、そんなところに売ったのか理解に苦しむわ。塚本幼稚園って金持ちなの？」

「ところが調べてみると経営状態はよくないんです。14億円もポンと出せる学校法人じゃないですね」

「国は買うなら時価で全額払えと豊中市には言ったんでしょ?」

「そうなんです。議事録にも経過が残っていますよ」

「変な話ねえ、きっとなにか裏があると思うわ」

「絶対ありますよ、今調べているところなんです」

こうして、私は森友学園問題を知ることになった。


木村議員が豊中市野田町の土地に関心を持ち続けていたのには理由がある。

2009年9月8日、豊中市議会建設水道常任委員会で、木村議員は野田町の土地についてくわしく質問している。

質問の冒頭で、例の「野田町の土地」を国が豊中市へ無料で貸すという約束が文書にされていなかったという点を確認した後、「無償だと期待した理由を説明してください」と尋ねた。

市の答えはとても回りくどいが、わかりやすくいうと、区画整理(住民の皆さんにお願いして引っ越してもらうこと)を尽力してきたし、もちろん費用も出した。それに土地の一部は前から公園として無料で使っていたから、国は無償で貸してくれるだろうと考えていたということである。

木村議員の質問は続く。

「2008年、平成20年2月の国有財産審議会までに買取りの意思表示をしないと、ほかへ売却するという旨の通知が最後通告だったのか」

市は肯定し、それまで機会あれば無償貸与をお願いし続けたことも答弁している。質問はなおも続いているが省略する。

木村議員は長時間の質疑を行なったので「野田町の土地」を忘れることはなかった。

公表されない金額

木村議員が最初に行なったことは登記簿の閲覧だった。2016年5月23日のことである。所有者は運輸省であった。

国有地に私立学校なんてありえない。早速、近畿財務局に電話で問い合わせてみた。

「(森友学園に) 定期借地権で貸しています」

それでは、貸付に関する文書を見ようと、5月27日に貸付合意書の開示請求を行なった。

近畿財務局窓口は、「金額は出せないかもしれません」という。いよいよ奇妙な話である。国有地を貸す。その金額が表に出されない？

「そんな話しが通用すると思っているのか？　黒塗りされていたら即刻裁判するから！」

木村議員は窓口の役人を牽制したが、6月下旬に開示された貸付合意者はやはり全面黒塗りであった。

これは絶対におかしいと木村議員は確信した。

「それに、瑞穂の國小學院は来年開校なんですよ」

「もうすぐじゃないの、極右の学校がこの豊中市にできるなんて許せないわ」

「だけど私学の学校ですから、開校を止めるというわけにはいかないですよ」

「そりゃそうだわ。市には私学の認可権限も監督権限もないものね」

権限を持っているのは大阪府である。

「でもね、絶対臭いですよ。この黒塗り。だいたい、たいして金もなさそうな幼稚園が14億円もの土地を手に入れるなんて、裏になにかあると思うな」

名誉校長　安倍 昭恵 先生　　安倍 晋三 内閣総理大臣夫人

籠池先生の教育に対する熱き想いに感銘を受け、このたび名誉校長に就任させていただきました。
瑞穂の國記念小學院は、優れた道徳教育を基として、日本人としての誇りを持つ、芯の通った子どもを育てます。
そこで備わった「やる気」や「達成感」、「プライド」や「勇気」が、子ども達の未来で大きく花開き、其々が日本のリーダーとして国際社会で活躍してくれることを期待しております。

昭恵さんは私人なの？　公人なの？　どんな学校を作りたいの？


「誰かの力が働いていると思っているの」

「ピンポーン！　これ見てください」

　木村議員が私に見せてくれたのは、瑞穂の國記念小學院のホームページ。

「あっ、名誉校長が安倍昭恵だ」

「これですよ」

「肩書は内閣総理大臣夫人、後ろには安倍首相がいるという強烈なアピールやね」

「もともとは、安倍晋三記念少學院という名前になるはずだったらしいんです。塚本幼稚園では一時、安倍晋三記念小學院名前で寄付が募られていたという話しもあるんですよ」

「とんでもない話やね……」

「とにかく土地問題で攻めてみます。きっと、ほこりが出ます」

大変なほこりが出ることになった。

黒塗りだらけの貸付合意書には、売買予約契約があるということが開示されていた。

そこで、木村議員は売買予約契約書の開示請求を行なった。

ところが、これも真っ黒であった。なにもかも黒塗りで秘密にすることで、誰にメリットがあるのか。ホームページには安倍昭恵さん、過去に安倍首相の名前で寄付を募る瑞穂の國小學院。まさか、日本の最高権力者がこれほどわかりやすいことをするのかという不安。大丈夫なのかこの国は……。

メールは飛ぶ

改めて裏で大きな力が働いていると直感した木村議員は、Eメールで市民に呼びかけた。

「8月31日、瑞穂の國記念小學院問題について考える懇談会を行ないます」

幼児に教育勅語を暗唱させ、軍歌を歌わせるおぞましい幼稚園を経営する学校法人。せっかく幼稚園でよい教育をしても、公立小学校に進むと台無しになってしまうなどと言い、念願だったらしい小学校を開設するが、それがなんとよりによって豊中市野田町、10中（市立）や野田小（市立）、大阪音大のすぐ近くにできる。

この土地を巡るいきさつ。開示請求して黒塗り文書しか出なかったこと。安倍昭恵首相夫人が名誉校長であること。国は「野田町の土地（国有地）」を豊中市には無理に買わせたのに、森友学園（瑞穂の國記念小學院）には土地を貸し出しており、金額は非開示にしていること等々。

あまりにも怪しすぎる。瑞穂の國記念小學院は木村議員に言わせれば、極右カルト学園であるが、私学の学校。中身に文句をつけるのは難しい。

そこで、「土地の権利関係を巡る不透明な点は絶好の攻めどころではないかと思うのです。今後どのように問題化していくか、一度皆さんと相談したいと考えています」。

このメールを読んだ時、私は極右カルトは言いすぎじゃないのと思った。しかし、その後、塚本幼稚園の実態が明らかになり、木村議員の勘が正しいことが証明された。

豊中市には様々な市民運動グループがあり、多くのメーリングリストが存在している。なかでも戦争法反対の市民と、野党共闘から生まれた市民アクションのメーリングリストには多くの市民が登録している。これらを木村メールは飛び回った。メールを受けた人はさらに友人にメールを転送した。こうして市民アクションのメンバー、退職女性教員、この教員からの転送メールを読んだ共産党の若手市会議員・山本一徳さんなどが呼びかけに応じた。

そして、8月31日、「瑞穂の國記念小學院問題を考える会」（以下、考える会）が発足した。


9月に請求した売買契約書もまたまた黒塗りで示された。奇怪なことに、価格だけではなく第42条がページごと塗りつぶされている。後に明らかになるが、この部分が「ゴミ」の話しだったのだ。

この黒塗りを受け、考える会は最初のビラを作った。表題は「国有地を売却して金額は非公開!?」裏面には「名誉校長は安倍首相の妻・明恵氏」、「教育勅語を暗唱させる特異な教育」と記載した。

秋から冬にかけ、各々の住区や庄内地域、淀川を越えて塚本幼稚園近くにまでポスティングが続いた。

私の住区は一戸建て専用地区なので、一軒一軒ポストに入れていく。

12月に入ったある日、宅急便の配達員と一緒になった。配達員は顔なじみの人。ちょ

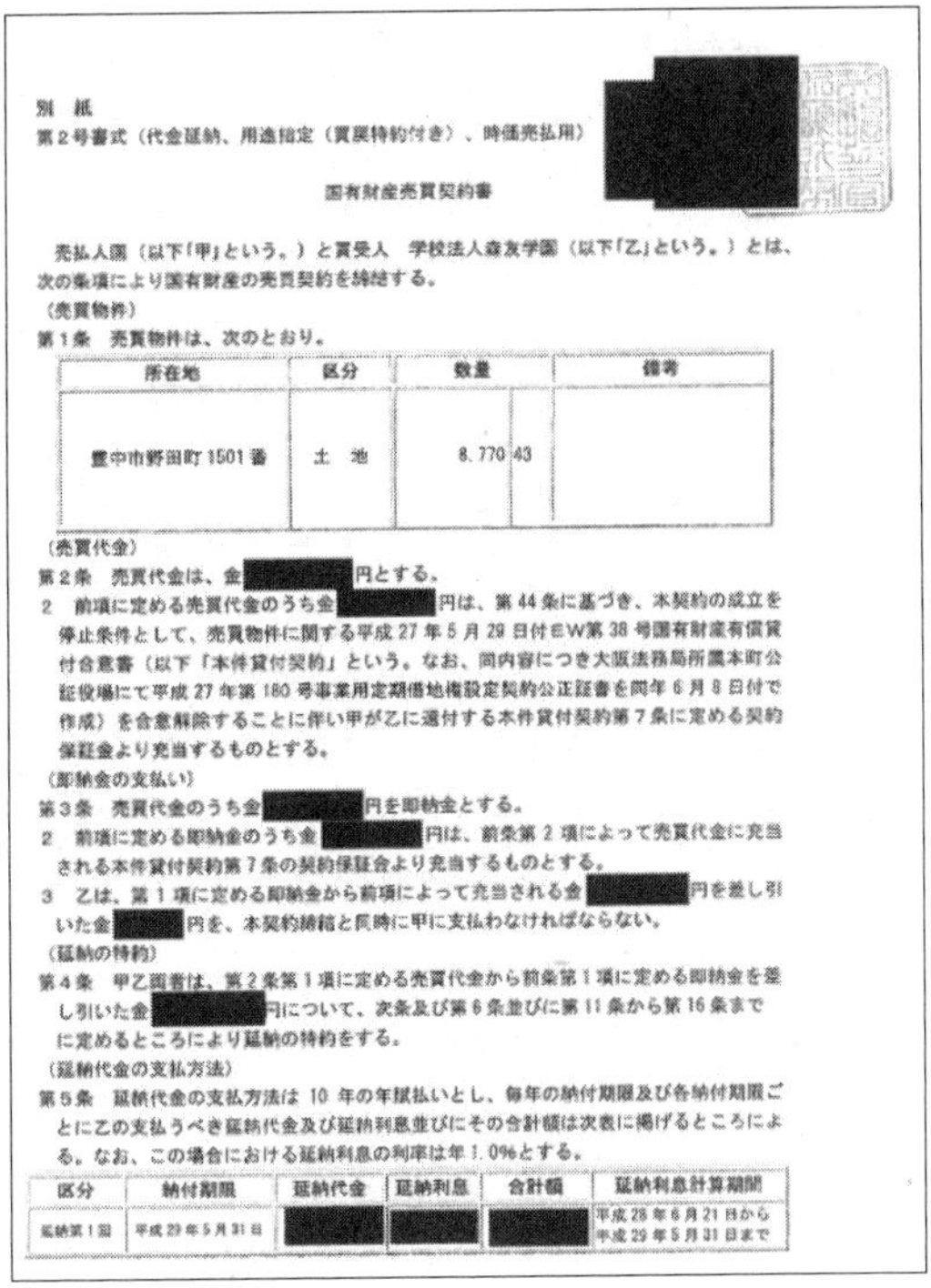

別　紙
第2号書式（代金延納、用途指定（買戻特約付き）、時価売払用）　[redacted]

国有財産売買契約書

売払人国（以下「甲」という。）と買受人　学校法人森友学園（以下「乙」という。）とは、次の条項により国有財産の売買契約を締結する。

（売買物件）

第1条　売買物件は、次のとおり。

所在地	区分	数量	備考
豊中市野田町1501番	土　地	8,770 43	

（売買代金）
第2条　売買代金は、金[redacted]円とする。
2　前項に定める売買代金のうち金[redacted]円は、第44条に基づき、本契約の成立を停止条件として、売買物件に関する平成27年5月29日付ＥＷ第38号国有財産有償貸付合意書（以下「本件貸付契約」という。なお、同内容につき大阪法務局所属本町公証役場にて平成27年第180号事業用定期借地権設定契約公正証書を同年6月8日付で作成）を合意解除することに伴い甲が乙に還付する本件貸付契約第7条に定める契約保証金より充当するものとする。
（即納金の支払い）
第3条　売買代金のうち金[redacted]円を即納金とする。
2　前項に定める即納金のうち金[redacted]円は、前条第2項によって売買代金に充当される本件貸付契約第7条の契約保証金より充当するものとする。
3　乙は、第1項に定める即納金から前項によって充当される金[redacted]円を差し引いた金[redacted]円を、本契約締結と同時に甲に支払わなければならない。
（延納の特約）
第4条　甲乙両者は、第2条第1項に定める売買代金から前条第1項に定める即納金を差し引いた金[redacted]円について、次条及び第6条並びに第11条から第16条までに定めるところにより延納の特約をする。
（延納代金の支払方法）
第5条　延納代金の支払方法は10年の年賦払いとし、毎年の納付期限及び各納付期限ごとに乙の支払うべき延納代金及び延納利息並びにその合計額は次表に掲げるところによる。なお、この場合における延納利息の利率は年1.0%とする。

区分	納付期限	延納代金	延納利息	合計額	延納利息計算期間
延納第1回	平成29年5月31日	[redacted]	[redacted]	[redacted]	平成28年6月21日から 平成29年5月31日まで

国有地の価格を開示しない黒塗りの売買契約書。本件は国家機密なのか？


うどお歳暮のシーズンである、前になり後になりして、ポストに入れていく。しまいに笑い出してしまった。

「なにをしてるんですか？」

「これを見て」

「えっ？　国有地の売値が秘密！」。さっと目を通して、

「ください、帰って読みます」。後日、「読みましたよ。ひどい話ですね。許せない。がんばってください」

　連絡先の木村事務所にも反応があった。昔、野田町から区画整理で立ち退いた人

は、「我々はなんのために住み慣れた家を離れたのか」と、怒りの文書を送ってきた。

教育勅語で育ったという80歳代の女性は電話で「教育勅語を暗唱させるような学校があるの？　絶対いやや！」と嘆いた。

公園ができると信じて立ち退いた人からの怒りの声もあった。

考える会のメンバーも徐々に増えていき、山本議員を中心に資料集めと調査も進んだ。

そして、次のような事実が明らかになった。

（森友事件の背景・山本いっとく年表参考）

２０１１年年11月、松井一郎大阪府知事誕生。

２０１２年2月、緑化事件が起こる。塚本幼稚園は２００８年以降、隣接する新北野公園の西側スペースで大阪市への届出をせずに、体育の授業の一環として園児に球技をさせていた。塚本幼稚園による公園の独占的な使用に反発した地域住民は、公園の緑地化を大阪市に要望し、市はいったん緑地化を決定した。しかし、大阪維新の会に所属する市議らが「（市は）完全に（塚本幼稚園に対しての）嫌がらせに加担してるやんけ」、「強行したら絶対にお前ら潰すからな」などと市側を非難し、籠池理事長（当時）とともに工事の中止を求め、市は最終的に緑地化の計画を撤回した。

2012年2月、教育シンポジウムを日本教育再生機構大阪が開催。松井知事、安倍晋三元首相（当時）八木秀次日本教育再生機構理事長がパネリスト（ここで安倍・松井ラインができたという。日本教育再生機構は日本会議と深い関係にある。籠池氏は日本会議・大阪の役員をしていたという。瑞穂の國記念小學院が教育再生機構のモデル校になるはずだったらしい）として参加。

森友学園は小学校建設を希望していたが、当時、大阪府の設立認可基準を満たすことができなかった。そこで、籠池理事長は府知事に認可基準の緩和を要望した。

2012年年4月、大阪府は設置認可基準を緩和し、森友学園のみが設置許可申請を行なった。

2012年9月、安倍元首相（当時）が塚本幼稚園で講演予定。12月、第二次安倍内閣成立。

2014年12月、瑞穂の國記念小學院の認可を巡って、大阪府私学審議会が開かれた。

豊中市野田町の国有地に小学校を建設するというが、果たして入手できるのか？　事務局（教育委員会私学課）は、「小学校認可の条件は土地の取得、国有地の審議会は小学校ができることが認可の条件。双方で認可が下りるということが前提」と説明している。審議会はもめて継続になった。

翌年の2月、異例の臨時審議会が開かれた。疑念続出だったが、私学課は森友学園をかばい続けた。結局、委員長が「条件付き認可相当」と押し切った。

2015年2月、国有地審議会での森友学園に対する定期借地による貸付＋売買予約についての審議も紛糾した。管財部長は、「小学校経営という公共性の高い事業者が国有地を使いたいという要望があった場合、応えざるを得ない」と発言。すでに私学審議会で認可相当と結論されているならばやむなしと、貸し付けが決まった。

2015年9月、安倍明恵氏が名誉校長に就任し、事態はさらに展開する。

2016年6月、国と森友学園は売買契約を交わした。

2016年7月19日、近畿財務局はホームページ上で「国有財産売り払い結果一覧」を公表したが、森友学園だけが掲載されていない。財務省が国有地の売却額を公表したのは、2014年〜2016年度に693件あり、森友学園のみ公表していないのである。

豊中市野田町の土地の履歴と、瑞穂の國記念小學院開設に向けての動きを明らかにする資料も集まった。そのなかには後に問題になる「ゴミ」に関する資料もあった。国交省大阪航空局「野田地区地下構造物状況調査業務報告書・平成22年（2010年）」と豊中市「平成22年度防災広場地下埋設物状況調査」という報告書によれば、当該土地・地下2～3メートルに生活ゴミとコンクリートがらなどが埋まっており、混入率は最大28％。3メートル以下は自然地盤である。深部にゴミはなかった。

役所はあらゆる文書を残しておくものだ。担当者は自分がきちんと決められた通りの仕事をしたという証拠を残さなければならない。いつ何時、「あの時はどうだった」と、追及されるかわからないのだから。

豊中市が公園を夢見て作った美しいパンフレットもきちんと残っていた。文書を破棄するなんて嘘っぱちである。まして、メールが自動的に消滅したなどと……。スパイ大作戦じゃあるまいし。

ありもしない深部のゴミを理由に、大幅な値引きを行なった経過は後に明らかになる。

なぜ、大阪府は森友学園の味方？

森友学園・塚本幼稚園のゆがんだ幼児教育の実態を私たちが知ったのも一通のメールからである。

「T幼稚園（塚本幼稚園）退園者の会」のメンバーから木村議員にメールがあった。

塚本幼稚園で子どもがひどい目にあわされて退園した人と、園の運営に疑問をぶつけてやめさせられた人たちの7名ほどが「退園者の会」を作って闘っていると綴られており、ひどい運営の実態や補助金不正などを大阪府や大阪市に訴えても相手にされないとある。木村議員のブログを読んで勇気づけられたので、ぜひ話しを聞いてほしいという内容だった。

「退園者の会」のメンバーと木村議員の会談が行なわれた。そこでは園児への虐待やヘイト、不正行為などの実態が明らかにされた。

具体的な例を挙げると、お漏らしをした園児の便を通園バックに入れて持ち帰らす。ヘイト文書を保護者に送りつける。PTAの不明朗会計を指摘した保護者への嫌がらせ。補助金不正等々、塚本幼稚園の異常行為は後にマスコミを賑わし、国会でも取り上げられた。

以後、考える会としては木村議員を窓口として、退園者の会と連絡を取り合い、協力できるところは協力し合う形で進めることになった。相手は日本会議と関係している学園である。どんな嫌がらせがあるとも限らない。慎重に行動する必要があった。

２０１６年12月、「退園者の会」の府への申し入れに木村議員は同行した。「虐待をするような幼稚園に小学校を作らせないで」という要望に私学課は「設置基準をクリアしていれば認可しなければならない。認可は当然」と言い放った。市会議員のくせにそんなことも知らんのか、と言わんばかりの口調であった。

虐待については、後日、私学課は事前通告行なったうえで、幼稚園側のみに聞き取りを行ない「虐待なし」という判断を下した。

保護者の訴えは無視されたのだ。この対応には訳がある。

大阪府の私立学校の設置基準は厳しく、すでに小中学校を経営している学校法人でなければ、借入金による小学校設置は認められていなかった。森友学園は自前で建設する資金力はなかった。そこで、「基準に合わないんなら、基準を変えればいいんや」と籠池理事長が猛烈にアピールした。

前述のように、維新の会は森友学園と深いつながりがあったので、大阪維新の会代表である松井知事はあっさりと「設置基準」を改定した。元々、松井氏は日本会議のメンバーと噂されており、教育勅語復活は結構なことだと考えていたのだろう。ちなみに、大阪では自民党大阪府連よりも維新の会のほうが安倍首相に直結していると言われている。

森友事件が明るみに出た3か月後、私たちは「小学校開校の認可を下ろすな」と、私学課に申し入れに行った。すると、手のひらを返したような丁寧な対応だった。「私どもも懸念を共有しております」なんてことを言う。この軽薄さ！　大騒ぎになっているので、自己防衛したのだろう。

後に松井知事は、自分が瑞穂の國記念小學院の建設に道を開いたことは忘れたふりで、「詐欺師・籠池」に騙された被害者顔をして批判をかわした。籠池氏が国会で誰を恨むかと聞かれて「松井知事」と答えたのにはこういう経過があった。

ともした火が燃え上がる

秋も深まった頃、私は朝日新聞の豊中市局に電話をかけた。窓口に出た記者に、「瑞穂の國記念小學院という学校のこと聞いたことがありますか？」と聞いた。しかし、「まったくない」ということであった。塚本幼稚園のことも知らないという返事である。

塚本幼稚園は教育勅語を暗唱させ『海ゆかば』を歌わせるユニークな教育については、すでにテレビ東京系列で報道されていると告げると驚いていた。

「その幼稚園が豊中市の野田町に小学校を作ろうとしているんです。土地は元国有地で、豊中市が全部ほしかったんですが、値段が高くて半分しか買えなかったんです。それが、塚本幼稚園の法人に売られて、その値段が非公開なんです。開示請求したら黒塗りで出てきたんです」

「それは怪しいですね。詳しいことを教えてください」

「ビラを作っているのでお送りしましょう。この件は木村議員が詳しいので話しを聞かれるとよいと思います」

その夜、私はチラシをファックスで送った。

数日後、「朝日から連絡あった？」と、木村議員に聞いてみた。

「電話がありましたよ。詳しく説明しときました。調べてみると言っていましたよ」

木村議員は精力的にジャーナリストの講演会などでアピールし、マスコミに情報を流す一方で、つてを求めて国会議員に働きかけていた。共産党の山本議員は党所属の府議や国会議員に協力をあおぎ、情報提供もしていた。

しかし、なかなか表ざたにならない、記事は出ない……。日はどんどん過ぎていく。布石は後に活きてくるのだが、当時はわからなかった。

この件がニュースにならない。小学校の建設は進んでいく。事態の打開を図らねば……。

考える会は、国有地売買価格非開示は不当として、提訴に踏み切った。

木村議員からのメール。

「木村です。明日2月8日（水）、例の元国有地で瑞穂の國記念小學院用地となっている土地の売却金額の公開を求める訴訟を提訴します。ご一緒してくださる方は、裁判所の正面玄関を入ったロビーみたいなところに、13時半にお越しください。たぶんマスコミの取材もあるので、よくある裁判所に入っていくところを撮影することになりそうです。弁護士と2人きりというのもなんなので、市民グループで取り組んでます、というところを見せたいと思います。訴状提出後、司法記者クラブで記者会見の予定です」

「なにがなんでも行かなくちゃ！」、寒い盛りである。私はダウンコートにくるまって

認可されると、この小学校で教育勅語をはじめ、戦前の教育がが始まってしまう

出かけた。裁判所の前には市民の会の十数人が集まっている。カメラやマイクが何台か来ている。取材されるんや。

「道路の方から入ってくるところを映すから、みんな道路のところへ行こう」

　裁判所に入るところを映されるといっても、裁判所の敷地は撮影不可なので、入る格好だけである。やらせだねと笑い合った。

　提訴するのは開示請求して黒塗りの売買契約書をやりとりした木村議員である。大川弁護士と２人が裁判所の奥に入っていって、私たちはロビーのようなところでおしゃべりをして待っていた。

　すると、木村議員が現れた。

「訴状を出してきました。これから司法記者クラブで記者会見です」

「みんなで行こう」

「入れるかな」

「そんなに記者さん来てないやろ」

「裁判所の記者クラブなんて初めてやわ」


味も素っ気もないドアを開いたとたんに、「超満員や！」。

カメラの機材を持った人、大きなマイクを掲げた人、ノートパソコンを抱えた人たちが詰めかけている。市民の会のメンバーは入室するのも大変だった。あまり広くない部屋は熱気でむせ返りそうだ。市会議員ということで私も前に並ばされた。

朝日、毎日、讀賣、産経などの大新聞、ＮＨＫをはじめ、民放テレビ各局の記者が前の方に着席している。ほかにもジャーナリストらしき人々がぎゅう詰めに座っている。なんと、立ちっぱなしの人もいるではないか。机の上には次々と小さな録音機が置かれる。ハイテクの時代だ。

「記者会見を始めます」と、記者クラブの当番幹事が告げると、フラッシュの嵐がおそいかかる。まぶしくてまぶしくて、思わず目をつぶってしまう。

フラッシュがおさまると、大川弁護士がもの慣れた口調で始めた。

「これは、大変シンプルな訴訟です。国有財産の売却価格を隠し、記録を非開示にしたのは不当である、開示を求めるということです」

木村議員はチラシを示して経過の説明をした。

「売却価格だけではなく、42条というのも完全黒塗りでした。ほかの売却物件はみなオープンにされているのに不当です。名誉校長が安倍明恵さんということ。籠池氏が日本会議の大阪の代表と言われていることが、関係しているにちがいないと思います。売却価格が明らかになると当該法人の利益を害する恐れがあるというのですが、ほかのケースでは明らかにされている。なぜ隠すのか理解できません」

山本議員は、豊中市が土地の半分強を14億円余りで買わされたいきさつ、残りの半分については森友学園への定期借地契約と売買予約、これから売買契約へと移る流れの不自然さを指摘した。小学校の認可も一度は継続審議になっているし、財政的に厳しいと思われるのに結局は認可相当、建設に進んでいくことも説明した。

「不自然、なにかある。やはり安倍明恵氏が名誉校長、日本会議の関係者というのが無

地裁の記者クラブでの会見の様子。右から大川弁護士、木村議員、山本議員、著者

関係ではないとしか思えない」、「大阪府の私立学校審議会の記録も公開すべきです」

これら対して、記者から質問が次々とくり出される。短く、要点をつく質問ばかりである。こちら側が答えている間はしんと静まる。記者たちは直接ノートパソコンに入力している。

特に熱心に質問したのは毎日新聞の記者だった。山本議員の真向かいに座っている朝日新聞の記者はニコニコ笑っているが、質問はあまりしない。

最後に、「具体的な金額はどれくらいだと考えているのですか?」と、質問があった。

「わからないです」としか答えようがない。翌日の新聞で知ることになるが、朝日新聞はこの時、正確な売却価格を知っていたのだ。

長い質問時間が終わると、記者たちが名刺をもって殺到する。今度はメモをもって聞き漏らしたことを質問してくる。木村議員の周りは記者の輪ができた。よくテレビで見る光景だ。

しばらく記者会見が終わって外に出た。空気が新鮮に感じられた。

この時点では、小さな「考える会」がともした火が燃え上がり、マスコミ・国会の力によって全国に広がっていくとは、まだ誰も予想できていなかった。

スクープ

「1億3400万円だぞ！」

2月9日の朝、新聞を取りにいった夫が叫んだ。

「なにが？」

「野田町の元国有地の値段や」

「うそ！」

「これ読んでみな」

慌てて目を通すと、

「学校法人に大阪の国有地売却　価格非公表　近隣の1割か」の見出しが躍っている。

カラーで土地の地図と豊中市に14億2300万円、森友学園に1億3400万円と強調してある。建設中の校舎の写真もある。

「うーん、ずっと取材してたんだ。籠池理事長にも直接確かめている」

「裏を取らないといけないからね」

「私らに黙っていたなんてずるい」。実は私は一度記事になるかどうか間接的に打診したことがある。その時は明らかにしてくれなかった。

「怒るなよ、記事にするタイミングを図っていたんだ」

「それで記者会見で朝日の記者はニコニコしていたんだ」

こうして「森友学園」炎上劇の幕が上がった。その後の展開は御承知の通りである。

森友事件は終わっていない

2017年3月、森友問題炎上の最中、籠池理事長は「瑞穂の國少學院」の認可申請を取り下げた。

開校は市民の力で阻止できた。瑞穂の國小學院問題を考える会は「森友学園問題を考える会」と改称し、国会議員やジャーナリストを囲む市民集会を重ね、隔週に街頭宣伝を行ない、国会での院内集会にも取り組んだ。市民と野党議員、マスコミの動きが相まって、真相はほとんどすべて明らかになっていった。

「天皇陛下のために喜んで死ぬ」という兵士と兵士の母になれと子どもに教える教育、その中核が教育勅語である。それを子どもに刷りこもうとする私立小学校を作りたい。これが森友学園の狙いであり、それを応援したのが安倍首相夫妻。夫妻の意向を慮《おもんぱか》り、籠池氏の要求に屈して、ありもしない「深部のごみ」をでっちあげ、国民の財産である国有地を破格の安値で売り払うことにしたのが近畿財務局である。

国会で追及する野党議員に対して、安倍首相は妻や私が関係したら議員をやめると大見得を切った。佐川理財局長は経過を示す書類を破棄したと無表情に繰り返す。

6月18日、共謀罪を強行採決して国会が閉会した後も森友・加計事件についての事実は次々に明らかになった。野党は憲法53条に基づき臨時国会召集を求めたが、安倍内閣はこれを3か月も放置した。ようやく開いた臨時国会で冒頭解散という賭けに出た。民進党の混乱と小池都知事のかき回しのおかげもあり野党は分裂、自民党は現有議席を確保。危機に立っていた安倍内閣は息を吹き返した。

すでに佐川氏は国税長官に抜擢され、安倍首相夫人と籠池氏の連絡係だったという谷査恵子氏は、イタリア大使館の一等書記官として赴任していた。最初に瑞穂の國小學院認可の道を開いた松井知事は追及されることさえなかった。

森友事件は「詐欺師・籠池氏」の陰謀に矮小化され、彼一人がすべての罪を押しつけられた。補助金をだまし取ったという本筋とは関わりのない逮捕に続く異常な長期拘留、司法も政権の意のままになっていく……。

2018年2月26日の東京は非常に寒い日だったが、衆議院議員会館の大会議室は熱気でむせ返っていた。「森友学園問題を考える市民の会」1回目の院内集会が開かれるのだ。開会された国会で森友学園の問題追及をがんばってもらおう、「市民が野党の背中を押しています」と、アピールするのが目的の集会である。タイトルは、もはや『詰み』だ！　森友／加計問題の責任を徹底追及！

参加者は広い会場にあふれ、立ち見の人でぎゅうぎゅうである。12時、野党議員が次々駆けつけてくるなかで開会した。

木村真・豊中市議がいつもの通り、オレンジ色のシャツ姿で登壇した。『詰み』というタイトルは今、なすべきは、責任追及だという意味だと述べた。

「国有地叩き売りの真相はほぼ解明されている。それなのに誰一人責任を取ってない。取らされていない。会計検査院の報告も出た、音声データも本物。でも終わらない。金額と価格はちがうというふざけた答弁がまかり通る。妻が関係していたら議員辞めると首相は言った。しかしやめない。この国の政治はどうなっている？　国会はあってもなくても一緒か？　国民の政治不信は極まっている。私たちの闘いは民主主義を守る闘いだ。議員の皆さん、市民が背中を押して応援している。しかるべき人に、しかるべき責任を取らせるためにがんばってください」

「森友・加計問題の幕引きを許さない市民の会」の醍醐聰・東大名誉教授が論点を整理し、「財務省・近畿財務局への強制調査を」、「佐川国税庁長官（当時）罷免」、「麻生財務相と安倍首相の辞任を」と訴えた。これを受け、各党の国会議員は入れ替わり立ち替わり決意表明を行なった。社民党、自由党、希望の党、共産党、民進党、立憲民主党である。安倍政権を追い詰める！　熱い言葉に共感しつつも、こんなに野党が分立していて力を出せるのかと不安も感じた。

首都圏などで活動する市民グループも次々とアピールし、最後に山本一徳・豊中市議がまとめた。

「この集会でモリカケ問題は終わっていないことを実感して自信が湧いてきました！」

そう、終わっていなかった……。

公文書改ざんを命じられた赤木さんの悲劇

3月2日、朝日新聞に衝撃のニュースが載った。

「森友文書、書き換えの疑い　財務省、問題発覚後か　交渉経緯など複数箇所」

世論は沸騰し野党は激しく政府を追及した。

3月9日、政府は佐川国税庁長官を懲戒減給、本人が依願退職した。この素早い処分の仕方は黒川検事長賭博《とばく》事件の処理と通じる。

5月23日、財務省は森友問題関連の「改ざん前文書」と交渉記録を国会に提出した。「改ざん前文書」から消されたのは森友学園の土地取得の経過、森友学園の後押しをした政治家たちの名前、籠池理事長が日本会議のメンバーであること、首相は日本会議議員連盟の副会長であること、そして安倍昭恵首相夫人と森友学園の深いつながりである。籠池夫妻とのスリーショットをはじめ、彼女に関する部分は完全に削除されており、首相夫人の名前をバックに圧力をかける学園側の要求に近畿財務局が屈していく様子も消されている。

首相の「妻が関係していたら議員も辞める」と言った答弁のつじつま合わせのために改ざんが行なわれたことが明確であった。

決裁文書という公文書を改ざんすることは犯罪である。激しい野党の追及で直接責任者・佐川前理財局長は証言台に立たされた。しかし、彼は刑事訴追の恐れがあると黙秘権を行使して喚問を乗り切った。

5月31日、佐川前理財局長ら不起訴を検察が発表。

財務省はかたちばかりの調査を行ない関係した職員の処分を発表し、幕を引いた。最高責任者である麻生財務大臣は留任し、処分されたはずの職員はその後昇進した。

この間の3月7日、近畿財務局職員、赤木俊夫さんが自宅で命を絶った。遺書が残されていたという報道もあったが、真相は明らかにされず。やがて人々の記憶からも消されていった。

この頃、流行った言葉が「忖度《そんたく》」である。官僚が上の意向を推し量って文書の改ざんをしたという。しかし、こんなことはあり得ない。官僚と8年間付き合ったのでわかったことでもあるが、彼らは明確な上司の指示や命令でのみ動く組織の一員である。自分勝手に「上」の意向を推し量って行動したりしない。まして、公文書を改ざんするなどという恐ろしいことに手を出すはずがない。上からの命令があったはずだ。

公文書は政府の私物ではない。国民の財産であり、歴史的資料である。歴史は代々残されてきた公文書に基づいて書かれるのだ。これを破棄したり改ざんするのは歴史の抹殺である。

この犯罪の実行を命じられた赤木さんはどんなに苦しんだことだろう。しかし、公務員は上司の命令に背くことは許されない。書き換えさせられてからの毎日は、いばらの上の日々だったにちがいない。

木村議員が提訴した裁判は2019年12月に完全勝訴となり、「国有財産の売却価格と安値の理由を隠したのは不当である」という判決が確定した。

にもかかわらず、真の責任者は誰一人責任をとっていない。しかるべき人にしかるべき責任を取らせるために、「森友学園問題を考える会」はたゆまず活動している。

黒川検事長の役割

2020年3月、赤木俊夫さんの遺書を妻の雅子さんが公開した。そこには明確に改ざんを命じた佐川理財局長以下の幹部の名前が載っている。

赤木さんの最後の言葉は「気が狂うほどのこわさと辛さ　こんな人生って何？」

死をもって告発した遺書がなぜ闇に葬られたのか！

ここで気になるのは2016年から2019年まで法務事務次官であった黒川元検事長の存在である。

検察庁は法務省に属するが、その性格上独立性が高い。政治家である法務大臣は個々の事件について直接指揮はできない。そこで検察の人間でもある事務次官の存在が重要になる。黒川氏は常に政権と密接な関係を持つ人物であったという。彼の在任期間と森友事件の経過とはぴたりと重なる。

2017年3月22日、木村市議とともに多くの市民が大阪府豊中市の国有地8770平方メートルを大幅に安い価格で学校法人森友学園に売却し、国に損害を与えたとして、担当した財務省近畿財務局の責任者を背任容疑で大阪地検に告発した。私はこの時初めて検察庁に足を踏み入れた。実に厳めしい建物でさすがに「悪を許さない！」という感じであった。検察は告発を受理し、豊中市役所にも調査に来た。しかし、結果は不起訴であった。ほかにも市民による告発があったが実らなかった。そして2018年の公文書改ざん事件の不起訴決定。

黒川事務次官が森友事件に関する事案について、政権の意に沿って動いていた結果ではないかという疑念は消せない。この黒川氏を「余人をもって代えがたい」として、定年延長を行なった意図は明らかである。

この4年間の政界は政策の良し悪しではなく、首相を巡るスキャンダルに明け暮れたといっても言い過ぎではない。公文書改ざん事件で反省するどころか、桜の会事件では国会で追及が始まった瞬間に参加者名簿を破棄するという暴挙をしている。

公文書改ざんがバレたので、今度は素早く捨てたわけ？

政治の私物化も相変わらずで、桜の会では公の費用を使って支持者接待。選挙戦では首相に近い河合夫妻への政治資金の大盤振る舞い……。原資は税金であることは言うまでもない。

「森友・加計問題を乗り切った」との自信がなせるわざであろうか、コロナ感染拡大が起これば、桜の会事件が消えると自民党議員はうそぶいたという。罪を犯してなにも責任もとらない……。これほど国民を馬鹿にした政権は見たことがない。

しかし、安倍政権は永久に続くわけではない。政権が変わったとたんに「御用！」になった田中角栄元首相の二の舞は踏みたくない。そこで検察をなにがなんでも抑えておく必要がある。どうしたらいいか？

法務大臣は検察庁への指揮権を持つ。しかし、1954年、造船疑獄で佐藤栄作自民党幹事長逮捕にストップをかけた犬養法相は政治生命を絶たれた。その後、一度も指揮権は発動されたことがない。戦争法（2015年、安保法制）で長年の憲法解釈をひっくり返した安倍内閣であるから、タブーを破るのは平気かもしれないが、やはりリスクがある。それよりも政権に忠実な検事総長を据えたほうがよい。こういう判断でまた掟破りの閣議決定をした。

これはとんでもない話である。国家公務員の定年は国家公務員法に定められており、特別の場合には延長できるが、検察官についての定年は検察庁法という特別法で定められていて延長規定はない。特別法は一般法に優先するというのが法律の大原則であるから、内閣が勝手に検察官の定年を国家公務員並みに延長することはできない。ところが、安倍政権は強引に検察官も公務員だから内閣の決定で延長できるとしたのである。これは日本の法制度を破壊する行為である。日本を無法国家にしようというのか。批判が高まると、後付けで検察庁法を変えようとした。

さすがにここまで来たら国民は黙っていない。「#検察庁法改正法案に反対します」というSNSでのメッセージがあふれた。検察OBの強烈な抗議もあった。検察内部にも政権の強引さに憤慨する人たちがおり、OBを動かしたのではないかと思われる。そもそも、公文書改ざんのリーク元は検察庁の内部からだという説が有力である。まともな検事なら正義感はあるだろう。密かな反逆は十分ありうる。

それでも政権は強行採決するつもりだった。そこへ黒川検事長の賭けマージャン報道！　バレた途端に訓告、辞職。この素早さ。

佐川氏とまったく同じようにして、黒川氏も追及の手の及ばぬ安全地帯に消えていく。どんなに非難されても、「なあに、みんな忘れてくれる。選挙に勝てばいいんだ」これが自民党政権の本音であろう。

政治を変えるにはどうしたらよいのか？

するべきことは責任追及。

赤木雅子さんは国と佐川元理財局長を訴える民事裁判を起こした。それとともに、第三者委員会による公文書改ざん事件の再調査を求める署名運動を開始した。公文書改ざんという国家犯罪の真相が明らかにならなければ、歴史は汚されたままなになる。たちまち35万筆以上の署名が集まった。

大阪地裁での第一回公判で雅子さんは「国は夫の自死の真相が知りたいという私の思いを裏切り続けてきました」と語り、「安倍首相、麻生大臣、私は真実が知りたいです」と訴えた。改ざんの真相を明らかにすることが、とりもなおさず政府の責任を問うことである。勇気ある女性の闘いを応援しよう。

さらに、忘れないこと。

日本は議会制民主主義の国である。腐敗した政権は交代して当然である。しかし森友・加計事件の追及が続いていた2017年に総選挙で自民党は勝利し、選挙民は政権腐敗を容認した結果になった。もしこの時、自民党が敗北しないまでも大幅に議席を失っていたら、その後の3年間はちがったものになっていただろう。次の選挙までこの政権の無法ぶりを忘れないこと。

そして投票行動である。

政権はついに法律を破壊する行為にまで至り、この責任を取らせることができるのは国民の投票行動しかない。野党の分立も整理されて共闘も行なわれている。政治を変えなければならない時である。民主主義を護るために一票を使おう。

3. 議論の風

教育勅語論争・シェア1万回！

瑞穂の國記念小學院問題について、豊中市は「土地を譲ってもらえるはずの約束」が反故にされただけでなく、妙な風評もたったから、言わば被害者の立場である。市に取り立てて落ち度はない。しかし、心配なことがあった。前述したように、市議会には日本会議のメンバーもおり、「国家あっての国民」というような発言をする人もいた。教育勅語の復活を望む勢力が存在する。そういう勢力が与党の一翼だから、市の姿勢がぶれないとも限らない。ここは釘を刺す必要があると考えた。

2017年3月7日、本会議で私は市の教育行政の姿勢を問うという形で教育勅語について質問をした。長くなるが、本質的な議論をしているので、その部分だけを載せる。ぜひ、お読みいただきたい。

（教育勅語とはなにか）

議長は日本会議のメンバーであるミスター（前述した、男女平等、男女共同参画に反対するミスターバックラッシュ）である。議長をまっすぐに見つめて、私は静かに始めた。「今、心配なことが起こっています。私は大日本帝国の臣民、天皇の家来として選挙権もない女性として生まれました。日本は国民主権の国ではなかった。私にとって1年3か月の大日本帝国憲法時代ですが、福岡大空襲に遭い、母と戦禍の中を逃げ惑ったことといい、伯父が恐ろしい九州大学生体解剖事件に巻き込まれ、運命を狂わされたことといい、よいことは一つもありませんでした。敗戦とともに女性参政権が実現し、2年後、国民主権の憲法が施行されたのです。

大日本帝国憲法の時代の教育方針が教育勅語であります。道徳の教科書ではありません。教育勅語はなんじ臣民と呼びかけます。天皇がお前たち家来である臣民に命令しているのです。一旦緩急あれば義勇公に奉じ、もって天壌無窮の皇運を扶翼すべし。国に危機が迫ったなら、国のために力を尽くし（命をささげる）それにより永遠の天皇の国を支えよという内容です。御真影とともに奉安殿に安置されました。教育勅語は天皇主権の教育の柱だったのです。

森友学園が経営する塚本幼稚園は、教育勅語を暗唱させることで知られています。この幼稚園では『海ゆかば』も歌わせるそうです。海を行けば、水につかった死体となり、山を行けば、草の生える死体となって、天皇の足元にこそ死のう、後ろを振り返ることはしないという歌です」

(戦争と教育勅語)

「もちろん日本の戦前が全て真っ暗だったわけではありません。私の父母の若い頃は大正デモクラシーの時代で、言論の自由もかなりありました。楽しい時代だったと母はよく言っております。

それが一変したのは、軍部が政治を乗っ取って戦争に突っ込んでいったからです。一切の言論は弾圧され、男の子は天皇陛下のために死ね、兵士になれと教えられ、女の子はよき兵士を産めと教えられました。100%利用されたのが教育勅語であり、『海ゆかば』などの軍歌でした。教育勅語は極度に神聖視され、暗唱はもちろん、登下校時に拝礼させられました。子どもたちは完全にすり込まれ、天皇陛下のために死ぬ、そのために生まれてきたと思い込んでいったのです。戦争に行く我が子に生きて帰ってと呼びかければ、非国民とされた時代になったのです。あの戦争が正義の戦争だったという声がまた聞こえてきます。しかし、開戦に反対した人はたくさんいたのです。戦後、自民党の首相になった石橋湛山《たんざん》も反対だった。戦争が始まってからも、戦争をやめようと動いた政治家たちもいました。でも、すべて弾圧されました。懸命な声を踏みにじって、軍部が暴走した果てが悲惨な敗戦でした。私の父母の世代はほっとしたそうですが、よき兵士になれとすり込まれていた若者たちは敗戦を受け入れることができませんでした。私の子どもの頃は、こういう若者が起こす事件が新聞紙上をにぎわせていました。教育の力は本当に大きいものです。

教育勅語は1948年（終戦1945年）に廃止され、教育基本法が作られました。民主主義国家の子どもたちを民主国家の主権者に育てることが教育の目標とされました。民主主義国家になって、日本は国際社会で確たる位置を占めるようになったのです。ところが、（瑞穂の國記念小學院）では、教育の中心に教育勅語が据えられるということです。名誉校長の安倍昭恵氏は先日辞任されたそうですが、（塚本）幼稚園でせっかく芯ができたのに、公立学校に入った途端に揺らいでしまうと発言されています。教育勅語がこの幼稚園が育てた芯でしょうか。報道によれば文部科学省は、教育勅語は戦前の教育方針であり、教育勅語を戦前のように学校教育に取り入れることはふさわしくないと言っています」

　教育委員会の見解を問うと、教育は日本国憲法の精神に基づいて、教育基本法をはじめとする各種の法令、学習指導要領などの示すところに従い、行なわれるべきとの趣旨の答弁をした。

　この時点では、日本国憲法にのっとった豊中市の公教育を否定する小学校が豊中市立中学校の目の前にできるかもしれない状況だった。

（教育勅語復活？）

「さらに心配なことが起こっています。首相のパートナーだけではなく、防衛大臣が国会で教育勅語を評価する発言をしています。討論の場では与党席から『教育勅語よし』の声が飛びました。首相をはじめ、国会議員は日本国憲法を守る特別の義務を負わされています。その国会議員が国民主権の日本国憲法と真逆な天皇主権の教育勅語を評価する。時代が逆戻りしたのかという思いに駆られました。単に特異な教育をする小学校ができるという話しではなく、日本国憲法そのものを否定する動きが起こっている」

　熱い思いを込めて「市の姿勢はどうか」と問い詰めていく。

市は今後も引き続き、日本国憲法の三原則、国民主権・平和主義・基本的人権の尊重をする。そして、人権擁護都市宣言、非核平和都市宣言の理念が次世代へ引き継がれていくよう、着実に取り組むと明言した（よっしゃ、議長さん聞いた？）。

「問題は国有地払下げ疑惑だけではありません。日本国憲法の理念を否定する教育をする学校法人を、国や大阪府の機関と大きな政治勢力が応援したのではないかという疑念です。日本を再び戦争する国にしよう、自由が抑圧された時代に戻そうとする勢力が歴史を巻き戻そうとしているのではないかという恐れです。真相究明が絶対必要だと私は思います。幼稚園の子どもたちが為政者を賛美するような映像を見て、ぞっとした人は少なくないと思います。こんな光景が普通になる日が来てはならない。次世代に平和で自由な国を残すのは私たちの責務です」

この質問の全文は保子さんによって書き起こされ、ケーブルテレビ中継とともにフェイスブックにアップされ、１万回近いシェアがなされた。

住民と議員の間

２０１７年９月の議会開会中のことである。北原議員が話しかけてきた。北原議員は前期に若者会派を作っていたが、現在は党議拘束をかけない無所属の会のメンバーになっている。

「今度のS町の2地区の計画のことどう思われます？」

地区計画というのは、住区の環境を守るために町単位、例えば○○町○丁目の住民が話し合い、8割の同意を得て建築物などの制限をかけるものである。これを議会に提出し、賛成多数で条例化すると、制限内の建築しか建てられないことになる。

今回S町の二つの自治会の地区協定を条例化する案が出ている。そこには寄宿舎は建てられないとある。これはあまり知られていないことだが、障害者の一般住宅利用のグループホームは法的には寄宿舎あつかいになっている。

実は数年前、S町の地区で一般住宅を利用した障害者のグループホーム建設が行なわれようとして、住民の強い反対で断念されたという事例があった。

「条例化されれば、最初からグループホームは建てられないことになります」

「障害者のグループホームの建設ができなくなるので、考え直してほしいという要望書も出ていますね」

「もっともな要望だと思います。けれど、地区計画は手続きを踏んで出されています。

いつもの例では建設水道常任員会で審議されて可決し、本会議に送られ条例化、そうしたらホーム建設はできなくなる」

「市は説得しなかったのかしら、今からでもしてほしいわ」

「そこで、継続審査を求めようと思うのです。継続中に市と住民が話し合って妥協点を見つける。議員も動く」

継続審査とは本会議での採決を行なわず、次の会期まで保留にすることである。

「それはよい提案だわ」

「僕は建設水道委員ではないので、大木議員が継続審査の提案をします。建設水道委員の木村議員には話しました」。大木議員は無所属の会のベテラン議員である。

「熊野さんも賛成ですよね」

「もちろん。傍聴席で拍手しますよ」

9月11日、問題の委員会。私は総務常任委員会に属しているので、傍聴席で議論を聞いていた。委員会の議論は二つの地区計画に集中した。地区計画で寄宿舎を建設できないとなると、障害者のグループホームは建設できなくなること。市長の特例で許可するという手もあるがハードルが高すぎること。

グループホームの建設は市としても進めていくべきであるのに、矛盾していることが明らかにされた。市には21の地区計画を条例化した地域があり、そのうち6つですでに同様の規定があることも明らかにされた。これからも増えそうな勢いである。

うかつにも、一般住宅利用の障害者グループホームが寄宿舎のあつかいになっているということを多くの議員が気づいていなかった。私もS町での建設断念事件が起こるまでは知らなかった。

議員たちは忸怩たる思いをかかえていたから、率直な意見が出された。

大木議員は自民党の若手議員も誘って継続審査の提案をした。非常にめずらしいことであるが、与野党会派議員と木村議員の全会一致で継続審査が決定した。

しかし、問題はこれからである、どうやって住民の8割の賛成を得ている地区計画を考え直してもらうか、建設水道常任委員会は非公式の会合を重ねることになった。

できれば、本会議までになんとか打開できないか。時間は容赦なく過ぎていく。本会議は迫る。

「熊野さんどうも変な雰囲気だ」と、木村議員が言う。

「全会一致で継続でしょう？　12月議会までゆっくり話したらなんとかなるんじゃない？」

「それが、自民党の態度が急に変わってきた」

「噂なんだが、S町の有力者が自民党議員にプレシャーをかけにきたと言うんだ」

自民党の常任委員はミスターで、有力者はミスターの支持者だそうだ。しかし、継続審査の方針はくつがえることなく、委員長は議長に継続審査を提案した。

9月25日、本会議は最初からから波乱含みだった。13件の議案が出ているが、まず11件の議案だけ審議して一括採決、2つの地区計画の条例化議案だけが後回しということになった。こんな話し聞いたことがない。議員が質問して審議は中断。変な雲行きである。

9月27日、会期末の最終日、一般質問の後、地区計画の条例化を含む議案の番が回ってきた。ここで委員長が経過報告し、議長が、

「市議案第83号及び市議案第84号の2議案については、建設水道常任委員長からの申し出の通り、閉会中の継続審査にすることにご異議ありませんか」。ここで異議なしで終わるはずだった。ところが、

「異議あり！」

「採決します」

委員会で審議継続に賛成したはずの自民党、公明党、市民クラブが継続反対に回ったのだった。なんなんだ、これは！

議事を中断。ただちに建設常任員会を開いて審議やり直しになった。

木村議員とともに私も審議の延長を求めたが否決され、午後8時までという期限をつけられて常任委員会が開かれる。

凍りついたような雰囲気で議論は行なわれたが、結局は自民党、公明党、市民クラブの数の力で継続は否定され原案可決。

再び本会議。無所属の会、共産党、維新の会、木村議員、私はそれぞれ怒りに満ちた討論を行なったが事態はすでに決している。せめて今後このような問題が起こらないように行政が市民とよく話し合うように、また、当該地域にグループホーム建設が持ち上がった時は市長による特例許可を考慮すべきだと強く要望した。

こうして事実上、障害者のグループホーム建設ができない地区条例が成立したのである。しかし、理不尽なことが長続きするわけはない。

地区計画を新しく作ろうとしている自治会から議員に要請があった。地区計画の中身について、市の説明が納得できないので、議員も話し合いに出席してくれという。

議会での激論は自治会にも聞こえているはずである。各会派から議員が出席した。もちろん私も同席した。こういう要請は珍しいことではない。そんな時の心得として、議員は出しゃばらずに住民の意見をよく聞くことが肝心である。私は聞かれるまで意見は決して言わないことにしている。

会場の小学校のコミニティルームは満員であった。市は議会での紛糾が念頭にあってか、「グループホームが建てられないような地区計画にはしないでほしい」という意向をたびたびにじませたようである。これに対しての反発の言葉が続いた。

この地区は、公園があり緑も多く閑静な住宅地と整備された団地からなっている。グループホームがどういうものか不明だ、長年守ってきた景観が壊されるのではないか、環境に影響が出る、近隣トラブルが発生するのではないか、どんな事業者が来るかもわからないから不安だと、否定的な意見が次々出される。

雰囲気は明らかにグループホーム建設の規制に傾いている。さすがに私も一言発しなければと思った。その時、それまで黙っていた年配の男性が手を挙げた。

「私の息子は、グループホームで暮らしています」と切り出した。住宅地の一角で一般住宅をホームにしている施設であると述べ、「近隣とのトラブルなどなく、普通の暮らしをしております」。

障害があっても、地域で暮らしていけるということがどんなに大切か穏やかに語った。会場は静まり返った。

「私はよいと思いますよ。だって、普通の住宅と変わりないんでしょう。景観さえ守っていただければいいいんじゃないですか」と、女性が声を上げた。

「町にはいろんな人が住んでいる、それがあたりまえんじゃないかな」という人も出てきた。

流れは変わった。ぎすぎすとした雰囲気で始まった集会は、穏やかな話し合いになっていった。

「これからよい方向にいくでしょうね」

「そう願っています」と北原議員。

1年後、S町の団地のなかに新しいグループホームが誕生した。かつてS町でグループホーム建設を断念させられた福祉法人の念願がかなったのである。

現在、豊中市の多くの地区計画は、障害者のグループホーム建設が可能になるように改正されている。

議員のたたき売り

２０１７年12月、議会の最終日、議員提出議案＝議員定数の削減案の審議で私は怒って質問に立った。

「なにを質問していいのかわからないんです！　このお話しを聞いたのは今朝の９時35分でしたから」

前日、幹事長会議が開かれ、議員定数の削減をめぐって徹夜の議論が行なわれた末に明け方、三議案が提案されたのだ。７名減の案、４名減の案、２名減の案の三つである。私たちには正式通知がなかった。幹事長会議に出席できない無所属議員は蚊帳の外である。なにも知らずに登庁した私に、与党議員の１人が削減の３案が出ていることを耳打ちしただけである。10時には議会が始まった。

７名減の提案をしたのは大阪維新の会である。豊中市議36名を一挙に29名にする特別な理由があるわけではない。豊中市の財政は黒字だし、40万人都市で36名という議員定数は他市に比べて多い方ではない。大体、市民1万人に対して議員1人というのが常識だという。しかし、身を切る改革を常に標榜する会派としては、任期も残り1年となる今、なんとか有言実行の実をあげたかったのだろう。維新の会がそう出るならばとばかりに4名減案、2名減案とまるでバナナのたたき売り的に提案が続いたという。削減そのものに反対したのは共産党のみであったという。

私は削減の根拠と突然の提案の理由を尋ねたが、納得できる説明はなかった。議会は最終日である。議論の時間は限られている。3提案は議院運営委員会に付託することになった。

年明けに行なわれた議院運営委員会では、3案のうち「2名減案」が可決された。パブリックコメントを募って市民の意見を聞くべきだという要望も出されたが、顧みられることはなく、3月本会議で3案の本採決が行なわれた。

3案ともに反対したのは最終的に私を含めた無所属議員と共産党である。反対討論で私は市議の役割りについて改めて述べた。

「市議会は、市民に最も近い議会であり、議員は市民と市政をつなぐパイプ役でありますし、市民の声を訴える、市政につなぐという役割を担っております。先般の12月定例会の個人質問の内容を見ていただくとわかります。実に生活に密着した話しばかりですよ。保険料をどうするのか、し尿処理運搬費用、学校プール開放事業、市営住宅のエレベーター、学校の卒業アルバム、施設の改修、学校のトイレを改修してほしい、コンビニエンスストアに変な本を置くのはおかしいのではないかと、市民の皆さんが私たちに託してくださる。

その一つ一つを私たちはこの場で訴えてきて、そのわずか10分間の間に三つも四つも五つも、なかには七つも質問する人がいるわけですよ。市民からのご要望があるからこそ、私たちはこの10分間の時間を最大限に使って、そして、理事者の皆さん方と何日も何日もお話しをしてやってきているわけです。それでも、目が届かないことが多いと思います。

生活に密着する議員が市民と対話できる世帯数は大体3000世帯ぐらいだろうと思います。皆さん、それぐらい議会通信や議会報告を行なってお話しを聞いていると思います（私も議会通信は3000部配っていた）。

今、豊中市の世帯数、17万3000世帯を36人で割ると約5000世帯です。36人の議員一人ひとりが約5000世帯の意見を反映するということは、大変なことだと思うんです。これをなんと4人も5人も6人も削減していくというのは、市民の声を切っていくということだと私は思います。

（提案の説明を聞いて）わかったことは、この議員定数削減理由はお金の節約になるということだけであり、削減数に特に根拠がない。お金の倹約になるから、議員の首を切っていくということになれば、10人にして、5人にして、4人にして、終いにはゼロにしてしまったらよいではないかという議論になるんじゃないでしょうか。そしたら、民主主義の学校である地方自治なんて、なくなってしまいますよ。

むしろ、もっともっと丁寧に市民の声を聴いて、議会で議論できるようにする。例えば質問時間を伸ばす、今まで一括上程された議案は全部一括して採決するということをずっとやってきましたが、これはおかしいですよ。そういうことについて、一つ一つ丁寧に審議をするというように変えていくとか、議員集会を開くとか、市民と議員がもっとフランクに話せるようなミーティングを開くとか、そういうようなことにこそ、私たちは力を注ぐべきです」

前期の議会改革の活動に触れ、「多様な意見を持つ議員がいたからこそ改革は進んだのです。多様性を切ろうとするというのは、私はどうしても承服できません……」

結局、豊中市議会の定数は2名削減され、２０１９年度から34名となった。定数削減が改革であり、それに反対するのは既得権にしがみつく議員だという風潮がある。

国会議員の定数減もしばしば議論される。しかし定数減は多数派の勢力を増す＝少数派の切り捨てにほかならない。特に小選挙区制の下では多様な意見が反映されない国会を作ってしまう。今でさえ多数党の独裁状態に近いが、これ以上ひどくなる。安易に身を切る改革などという言葉に動かされてはならない。

パン屋はだめ、和菓子屋ならよい

安倍政権の念願の一つは道徳教育の強化であった。いじめ問題を契機に、道徳の教科＝道徳教科書を使って、教師が評価するシステムが出発することになる。多くの国民がいじめ問題に深い関心を持っていることを巧みに利用して、国家による価値観の刷り込みを意図して行なわれる改革である。２０１７年3月の小学校教科書検定で、パン屋が和菓子屋に変えさせられたことが話題になった。

「どうしてパン屋はだめなの、和菓子屋はどうしていいの?」

「政府がそう決めたから」としか答えようがない。

政府の決めたことにおとなしく従う国民を作る。自分の意見をはっきり言う若者とは対極の人間を育てる意図は明らかである。

この検定を通った教科書のなかには、森友問題の背後にいた日本会議や教育再生機構の手が動いている教育出版の道徳教科書があった。私は実際に読んでみた。ひどい内容だった。こんな教科書を豊中市の子どもたちに渡せない……。

2017年度、2018年度にわたって、私は議会の内外で教科書問題を取り上げた。教科書を考える市民グループとも協同した。毎年、市役所、教育センターなどで教科書の見本が展示される。各社の教科書を読み比べるのは結構大変な仕事であるが、多くの市民が足を運んだ。市民の関心の高まりは教育委員会を動かしたはずである。豊中市教育委員会は、小学校・中学校の道徳教科書選定の審議を公開した。2017年、市民が見守るなか、各委員の真剣な議論が展開され、比較的妥当な結論が出た。

では、2018年度の教科書選定はどうだったか。

私が衝撃を受けたのは、日本教科書という会社のものだった。この会社の代表はヘイトスピーチや児童ポルノを手がける晋遊舎の会長だという。

差別を受けてもやり返さない永久欠番、いじめをして相手を自殺させたら一生罰せられるという脅し、長時間労働を肯定する「雨の日のレストラン」。現職首相の演説、など問題だらけなのだが、特に「ライフロール」。共働きの家庭、妻は子どもの登校の支度から始まって、子どもの送り迎え、仕事、買い物、炊事、片付け、掃除、明日の準備、風呂の支度をし、自分がはいるのは深夜……。その間に夫はビールを飲んでいる。妻に昇進の話しが出たが、子どもを預けている母親が倒れたのでお断りする。これは反面教師的教材？　いえいえ、題名からして『人生の役割』ということらしい。すべて女性の役割とされることになんの疑問も持たない。こんな教科書で育てられたら、日本の女性の地位は永久に向上しない。こんなの選ばれたらどうしよう！

私を含め、今回も多くの市民が傍聴に駆けつけた。教育委員会の選定審議はいつものように真剣に行なわれた。行政畑出身の教育長が支持したものとはちがう道徳教科書が多くの委員の支持を集め、こちらが通った。両方とも比較的妥当な教科書ではあったが、審議が民主的に行なわれたので私は少し安心した。ほかの地方で行政のおしつけがまかり通っているところがあると聞いていたからである。豊中市が市民活動の盛んな町であるからこそその結果であろう。あなたの町はどうだろうか？

おわりに

市議会に飛び込んでみて、前例ばかりに固執する議会運営、地盤・看板の世界、与党になりたがる議員など理不尽なことに直面し、志ある議員とともに精一杯闘ってきた。市議会に一石を投じることができたと思う。

議場の内外で、平和運動、高齢者福祉、介護保険、子ども政策、図書館活動、教科書問題、男女共同参画、歴史や文化活動の推進などに取り組んできた。常に子育て、介護、教師としての経験から発言してきた。少しは、議論の風を吹かせることができたのではないか。

しかし、今心配なことがある。

近畿では、市民派議員が比較的多く、近畿市民派グループとして情報交換や研修を行なっているので、様々な市議会の様子がわかる。早くに一括採決をやめた市議会もある一方、女性に対するセクハラや無所属議員の発言の機会が1年に一度など、委員長に選んで発言を封じるなどの理不尽なルールを設けているところもある。それにめげずに市民派はがんばってきた。

ところが、最近は身を切る改革、成長を止めるな、○○ファーストなどのワンフレーズで市民の人気を集めて当選、政策論議をしないままに権力を握ろうとする勢力の進出が著しい。私たちの得票の何倍もの票を集めて当選する。何票で当選したからといって扱いが変わるものではないが……。

ポピュリズムが台頭している。地方議会だけではない、国政もそして諸外国でも。議論なき政治、ワンフレーズの政治の行き着く先を考えると恐ろしい。

もう一つ心配なのは、官僚の変質である。理事者と呼ばれる市の職員と常に議論し、時に激突してきた。まったくお地蔵さんみたいな職員もいたが、市民との対話の最前線にいる人たちである。聞く耳を持つ人、誠実に考える人もいたし、優秀な人もいた。そういう人が順当に出世の階段を上がり、理事者の中枢になっていってほしいものである。

ところが、現在の国政では、官僚の出世は首相の気に入られるかどうかにかかっているという。官邸は法律をゆがめてまで政権派の検事総長を作ろうとして大問題になった。大阪府においても、知事のイエスマンでなければ冷遇されるという。逆に幹部官僚の任命権を握ろうとする与党会派がうごめく市議会もある。

こういった傾向が広まっていけば官僚機構は腐敗し、統治機構が機能不全におちいるのではないかと恐れている。日本の民主主義は危機的な状況にある。

こんな時こそワンフレーズではなく、しっかりと議論ができる議員、特に市議会では生活の実感に基づいて議論できる議員が必要である。家事と呼ばれる生活そのもの、育児、教育、介護などの多くが依然として女性のワンオペレーションとなっている現状からも、女性が議会に進出すべきである。

私は市議生活の8年間、女性だから不利だと感じたことは一度もない。むしろ、生活のすべてにわたって経験してきたことの強みを活かせたと思っている。多くの女性に活躍してほしいと願っている。

「ところで、どうやって議員になる?」

普通の市民、女性が地方議会に出ようとしてもノウハウがわからない。どうしたらいいのという問いをよく聞く。

北摂地方では市民派議員が中心となって市民を議会に送ろうとバックアップセミナーを行なっている。講演会から始まって演説の手ほどきまで行なう。充実のプログラムで市民を議会へ！

バックアップセミナー北摂

受講生募集

女性政治リーダー養成講座。議員になって社会を変えよう！

ある。先の統一地方選挙を見据えて行なったセミナーの受講生から何人かの新人議員が生まれた。

全国的には、三浦まりさん&申きよんさんが共同代表のパリテアカデミーが多彩なプログラムで実施している。

このような講座に参加することがまず最初の一歩であると思う。

この回想録を書き上げようとしている今日、新型コロナウィルスの脅威が日本を、いや世界を覆っている。中国、アメリカ、ロシアなどの軍事大国が自国民を守ることができない。核兵器もミサイルも戦闘機もウィルスに対しては無力である。医療だけが人々を守りうる。政府の使命は医療と公衆衛生の充実であり、最も打撃を受ける弱い立場の人を守ることだ。

歴史は変わろうとしている。
日本国憲法九条は語る「武器よ捨てよ」と。
日本国憲法二十五条は語る「政府はすべての人に人間らしい暮らしを保証せよ」と。

2020年9月　　熊野以素

熊野 以素（くまの いそ）

1944年5月10日、福岡市で生まれる

1967年3月1日、大阪市立大学法学部法学科卒業

1971年～2000年、大阪府立高校社会科教諭

1994年、高齢社会をよくする女性の会・大阪へ入会

1996年～2006年3月、豊島高等学校市民講座「寝たきりゼロを目指して・高齢者福祉とボランティア活動」を開講、主宰

2000年4月1日、大阪市立大学法学部大学院前期博士課程に入学。社会保障法専攻

2002年3月、同修了（法学修士）

2001年、2002年、大阪府立大学社会福祉学部・非常勤講師「高齢者福祉」講義

2005年、九条の会・豊中いちばん星　呼び掛け人

2006年、豊中市長選挙に立候補

2011年～2019年、豊中市議会議員

現在、大阪府豊中市在住

著書　「介護保険徹底活用術」（2007年）株式会社かんぽう

「九州大学生体解剖事件七〇年目の真実」（2015年）岩波書店

『“奇天烈”議会奮闘記　市民派女性市議の8年間』

2020年9月28日　　第1刷©

著　者　　熊野以素

発　行　　東銀座出版社

〒171-0014　東京都豊島区池袋3-51-5-B101

☎03（6256）8918　　FAX03（6256）8919

https://www.higasiginza.jp

印刷　モリモト印刷株式会社